GAFAも学ぶ！
最先端のテック企業はいま何をしているのか

世界を変える「とがった会社」の常識外れな成長戦略

成嶋祐介

東洋経済新報社

はじめに

ビジネスは「常識」が存在しない時代に

テクノロジーの進化、気候変動、働き方の多様化――ビジネスをとりまく環境は日々刻々と変化しています。新型コロナウイルスの流行など、数年前には誰が予測できたでしょうか。

まさに世界は、「VUCA」といわれる、**見通しのまったく立たない時代に突入しています。**

このような市場環境の変化を背景に、**いままでの常識や既成概念を覆すようなサービスが世界中で次々に生まれています。**そうしたサービスの多くは、過去、業界には存在しなかった革新的なプレーヤーによって生み出されています。

飲食業界における「ウーバーイーツ（Uber Eats）」がその一例でしょう。

ウーバーイーツは、一般の個人がエントリーをしてその期間だけ配達スタッフとして働く、いわゆる「ギグワーカー」を活用したこれまでにない配送サービスを創造しました。それによって、従来のデリバリーとは異なる、「固定費を持たない低リスク・低コストのビジネス」を可能としました。しかも、基本的なオペレーションはスマートフォン1台で完結します。

ウーバーイーツのようなサービスを見ると、これまでの「飲食」や「デリバリー」といった、**これまで当たり前のように使われていた言葉が、まったく新しい意味を持ち始めているのを感じます。**

日本の製造業は、設備と人材といった高度な経営資源を活用することで、グローバル市場の中で競争優位を確保し続けてきました。しかし、今日のように変化のスピードが速い時代においては、その経営資源がむしろ足かせとなって身動きが取れなくなっています。

日本企業が足踏みしているうちに、新規の異質なプレーヤーはまったく新しい戦い方で勝ち上がっていくという事態が、いままさにあちこちの業界で起こっています。

いままで**「常識」だと思っていたものが「非常識」に、逆に「非常識」だと思っていたものが「常識」になる。**このような状況下で、多くの日本企業が「自分たちは、いったい何と戦っているのか?」という不安に直面しているのではないでしょうか。

「日本人が知らない」最先端のビジネスが日々生まれている

申し遅れました。私は一般社団法人深圳市越境EC協会日本支部代表理事の成嶋祐介（なるしま・ゆうすけ）と申します。

家業である雛人形・五月人形など日本の伝統工芸品を製造・販売する「株式会社成島」も経営しているほか、ECコンサルティング、ブランディングなど3社の経営にもかかわっています。

もともとは日本の伝統工芸品の販売網を拡大するため、世界中のテック企業との関係を築いていましたが、**気づけば1800社以上の中国企業とネットワークを持っている、「ちょっと変わった人形屋」**になっていました。

ECビジネスを通じて中国をはじめ世界のテック企業の動向を間近に見ることが多い私は、日頃からこんなことを思っていました。

「世界のテック企業は、日本人が想像しているよりはるかに先を行っているぞ……」

シリコンバレーは、もはや世界のテック企業の最先端ではありません。**世界中のテック企業が、「テクノロジー」と「データ」と「スピード」を武器に、どんどん新たな「常識」を覆すようなビジネスを生み出しています。**

実際、ＧＡＦＡをはじめとするシリコンバレーのテック企業は、頻繁に中国の最先端テック企業を視察に訪れています。

ユーザーにあわせて「進化」するスマートモビリティ、スマホひとつで稼働する「工場」、「目と耳でモノを買う」次世代のＥＣサイト……。

私はこうした最先端の事例にじかに触れ、「アメリカはもう古い」と感じるようになりました。**日本の「常識」にとらわれていると想像もつかないような世界が、現実になっているのです。**

世界最先端のテック企業が引き起こした「決定的変革」

そして、よく観察してみると、それらのテック企業のビジネスモデルには、いくつかの**共通点がある**ことがわかってきました。

その**共通点を抽出し言語化することで、先行きが見えずに悩む日本企業のビジネスパーソンのみなさんに、微力ながら最新の知見を届けるお手伝いができるのではないか。**その思いから、この本は生まれました。

本書では、最先端のテック企業が起こした変革を「**10の決定的変革**」としてまとめています。そして、それらの変革を、章ごとに「最重要キーワード」とともに紹介しています。

世界のテック企業が、これまでのビジネスの「常識」にとらわれずにどんな発想をし、どれだけのスピード感でアクションを起こしているのか。

彼らの動向からヒントを得ることで、**日本において再び世界の先頭を走るようなビジネスが生み出される。**本書がその一助になれば、と願っています。

［図0-1］「10の決定的変革」と変革をもたらす最重要キーワード

章	10の決定的変革	最重要キーワード
第1章	「便利」から「楽しい」に 価値基準がシフトしている	エンターテイメント・ トランスフォーメーション（EX）
第2章	ユーザーと企業が 「共犯関係」を築いている	Winの4乗ループ
第3章	「五感を刺激する」買い物体験で 購買意欲を加速させている	動画ファースト
第4章	24時間365日、需要と供給の 出会いを生み出し続けている	「空白」をつくらない マッチングシステム
第5章	「信用の見える化」で 共通の評価軸を立てている	信用スコア
第6章	「オンライン」と「オフライン」の 境界が取り払われている	スーパーOMO
第7章	定価にこだわらず利益を 最大化する値付けをしている	ユーザー起点型 ダイナミック・プライシング
第8章	小さな課題や悩みが 1か所に集まり、 大きな価値が生まれている	スイミー戦略
第9章	「PCレス戦略」で専門性が 民主化されている	テクノロジーのフラット化
第10章	「ハード」ではなく「ソフト」で 差別化が行われている	シン・ものづくり

CONTENTS

第1章

「便利」から「楽しい」に価値基準がシフトしている

KEYWORD：エンターテイメント・トランスフォーメーション（EX）

第2章 ユーザーと企業が「共犯関係」を築いている

第3章

「五感を刺激する」買い物体験で購買意欲を加速させている

KEYWORD：動画ファースト

第4章

24時間365日、需要と供給の出会いを生み出し続けている

KEYWORD：「空白」をつくらないマッチングシステム

第5章

「信用の見える化」で共通の評価軸を立てている

KEYWORD：信用スコア

第6章 「オンライン」と「オフライン」の境界が取り払われている

KEYWORD：スーパーOMO

第7章

定価にこだわらず利益を最大化する値付けをしている

KEYWORD：ユーザー起点型ダイナミック・プライシング

第8章

小さな課題や悩みが1か所に集まり、大きな価値が生まれている

KEYWORD：スイミー戦略

第9章 「PCレス戦略」で専門性が民主化されている

第10章

「ハード」ではなく「ソフト」で差別化が行われている

KEYWORD：シン・ものづくり

第1章

「便利」から「楽しい」に価値基準がシフトしている

KEYWORD

エンターテイメント・トランスフォーメーション（EX）

サービスの根幹に「エンターテイメント＝ユーザーにとっての楽しさ」がある

この数年で、**ＤＸ**（デジタルトランスフォーメーション）という言葉がバズワードとして定着しました。

世界の大手企業が、サブスクリプションなど新しいビジネスモデルによるＤＸの成功により、時価総額を塗り替え、利益を上げてきました。当然、日本企業はＤＸに向け動き出しました。しかし、現実は厳しく、日本企業の多くはＤＸに成功していません。

一方、**世界の最先端テック企業は、私たちのイメージをはるかに超える勢いでＤＸを達成し、さらにその先を行っています。**

彼らに共通するのは、**「企業」ではなく「ユーザー」を主役にしたカスタマーサービスを変革のフロントに置いている**ことです。

そして、ストルターマンがＤＸを「ＩＴの浸透が人々の生活をあらゆる面でよりよい方向に変化させる」と定義したとおり、ユーザーのライフスタイルそのものに「変革」を起こしています。

そういったテック企業の動向をさらに観察してみると、ある大きな特徴が見えてきます。それは、**「エンターテイメント＝ユーザーにとっての楽しさ」をサービスの根幹に据えているる**ことです。単に商品やサービスを購入してもらうだけでなく、ユーザーに「楽しい！」と思わせる仕掛けがあるのです。

憧れのインフルエンサーと直接つながれる高揚感。ランキング上位をめざす競争心。フォロワーが増えて承認欲求が満たされる喜び。共同購入（ギャザリング）が成立したときの達成感。

こういったポジティブな感動体験をユーザーにもたらす「エンターテイメント」の要素が必ずあるのです。

「楽しい」から、自然とその企業やサービスに対するロイヤリティが高まり、利用する頻度とアクセス時間が増えていきます。そのぶん大量のユーザーデータが収集・蓄積されるので、さらにユーザーの行動特性をリアルに可視化することができ、サービスが改善され、ユーザー体験がさらに向上します。

このようなループを自動で高速回転させることで、これらのテック企業は**「ユーザーが主役」**のサービスを日々進化させているのです。

インフルエンサー
世間や人の思考・行動に大きな影響を与える人物のこと。特にSNSなどでの情報発信を通じて、ユーザーに大きな影響を与える人物を指す。

ロイヤリティ
企業ブランドや商品に対する、顧客や消費者からの愛着や信頼のこと。

エンターテイメントが「ヒト消費」を加速させる

現在の消費の現場では、商品やサービスを購入する際、その機能や内容よりも「あの人がお薦めしているから」「あとひとりで共同購入が成立するから」といった「**ヒト**」が**意思決定の主軸**になっています。

マーケティングの分野では、プロダクト中心の「モノ消費」から体験中心の「コト消費」への変化、などとよくいわれますが、そこからさらに「**ヒト消費**」**ともいえる人間中心の評価軸へと大きく変化**しています。

この「ヒト消費」への変化を加速させているエンジンこそエンターテイメントです。

ユーザーが楽しみながら（エンターテイメントとして）**自己実現を追求することで、結果として信頼性の高い情報が集まり、商品やサービスの価値が高まっていく**のです。

このように、「エンターテイメント＝ユーザーにとっての楽しさ」の追求によって大量のユーザーデータを獲得し、サービスを急成長させているテック企業には、ある共通の特徴があります。

その特徴を、私は**ＤＸをさらに一段階進化させたＥＸ**（**エンターテイメント・トランスフォーメー**

ション）と呼んでいます。

では、このＥＸを実践している世界最先端のテック企業を３つご紹介しましょう。いずれも、ここ10年ほどの間にサービスを立ち上げた新興企業です。

彼らはどのように「エンターテイメント＝ユーザーにとっての楽しさ」を、自身の成長曲線に位置づけているのでしょうか？

EXを導入している世界最先端のテック企業

1

ピンドゥオドゥオ（拼多多）

わずか5年で「ECの巨人」アリババを抜いた！
徹底したコスパ主義の「ギャザリング2・0」

「共同購入」による低価格化で巨大ECを脅かす存在に

2020年12月、衝撃的なニュースが世界中のメディアを賑わせました。**中国の小売Ｅ**

ピンドゥオドゥオ（拼多多／Pinduoduo）
中国の「上海尋夢信息技術有限公司」が運営する小売ECプラットフォーム。2015年サービス開始。

EC（electronic commerce）
日本語では「電子商取引」と訳され、インターネット上で行われるモノやサービスの売買を指す。一般的にはネット通販について用いられることが多い。

Cプラットフォーム、ピンドゥオドゥオが、EC利用者数で「中国ECの巨人」アリババグループを抜いて首位に立ったのです。

創業5年の新興ECがアリババを首位の座から追い落としたとあって、ピンドゥオドゥオの名は一躍世界中に知られるようになりました。

今日では、天猫（Tmall）、京東（JD.com）と並ぶ「中国三大ECプラットフォーム」の地位を確立しています。

なぜピンドゥオドゥオは、EC市場では後発でありながら、短期間でここまで爆発的な成長を遂げることができたのでしょうか？

その理由は、ピンドゥオドゥオが**EC市場にうまくエンターテイメントの要素を盛り込んだ**ことにあります。

ピンドゥオドゥオは、一定の購買者が集まることによって割安に商品を買うことができる**共同購入（ギャザリング）**をECに導入することで、エンターテイメントを提供しています。

中国では、天猫の「独身の日（11月11日／ダブルイレブン）」や京東の「京東の日（6月18日）」など、各ECプラットフォーム上で年1回、超大型イベントがあります。

数兆円規模もの金額が動く、ケタ違いの売上を誇る日なのですが、その裏で生じる在庫

プラットフォーム
サービスやシステムを提供するための土台となる環境・基盤。

アリババグループ
中国を代表するテクノロジー企業グループ。1999年設立。

天猫(Tmall)
アリババグループが運営する中国最大の小売りオンラインショッピングモール。

京東(JD.com)
中国のオンラインショッピングモール。中国国内では天猫に次いで2位の規模を誇る。

もまたケタ違いです。

各ＥＣモールは、出店するショップに対して「１日以内に出荷しないとペナルティを科す」など厳しいルールを課します。そのためショップ側もその要請に応じて大量に在庫を仕入れるのですが、どうしても売り切ることはできず、大量の在庫を泣く泣く抱えてしまっていたのです。

その**「売れ残った在庫を何とかして処理しなければいけない」というショップ側のペインポイントに着目したのがピンドゥオドゥオ**です。

「みんなで買ったら○割引で買えますよ」と呼びかける共同購入のフォーマットを提供することで、在庫の解消に取り組もうとしました。その点では、もともとは「課題解決型」のビジネスだったといえます。

そこに、価格に敏感な中高年層が反応し、「その値段で買えるなら共同購入に参加しよう」とこぞって飛びつきました。

じつは、地方都市の中高年層というのは、デジタルデバイスへの習熟度も高くなく、大手ＥＣモールが

［図1-1］
ピンドゥオドゥオの操作画面

出所：拼多多

リーチできていなかった層でした。そこにピンドゥオドゥオは「共同購入による低価格化」という明確なベネフィットを提示し、一気にその層を獲得していったのです。

「共同購入×SNS」の組み合わせが新しいエンターテイメントを創出

都市部のユーザーは大手モールに任せ、「いい製品をできるだけ安く購入したい」地方都市の中高年層に特化したことで、わずか5年で大手ECモールと比肩するまでに成長したピンドゥオドゥオ。

しかし、ギャザリングというビジネスモデル自体は目新しいものではなく、日本にも「グルーポン」などギャザリングサービスが存在しました。しかし、現在ではほとんどが撤退しています。

では、ピンドゥオドゥオの成功のポイントはどこにあるのでしょうか？

それは、**共同購入にSNSを組み合わせ、エンターテイメントをつくり出した**点にあります。WeChatをはじめとするSNSに、たとえば「24時間以内に3人で買うと60％オフ」など、友人や知人に情報をシェアすることで、仲間を集める仕組みを設けました。

グルーポン
米グルーポン社が運営する共同購入型クーポンサイト。共同購入によってクーポンを格安で購入できる。日本には2010年に参入したが、2020年9月をもってクーポン販売を終了、撤退した。

WeChat
テンセントが運営するメッセンジャーアプリ。「中国版LINE」とも言われ、メッセージ機能のほかスタンプ、通話、グループチャット機能を備える。

さらには、ピンドゥオドゥオの側からも「○○さんもこれを買っていますよ」「一緒に買うと○%引きです」などと、スマートフォンにプッシュ通知が送られてきます。

仮にまったく知らない商品や、買う必要のない商品であっても、「友だちはいまこれを買いたいんだ」と誘われている感覚になり、その共同購入に加わりたくなってしまうのです。

そして、実際に共同購入に参加し、成立したらその友人から「ありがとう！」とメッセージが届き、さらに交流が深まるという、たんなる買い物を超えた体験が得られます。

次第に**「共同購入を成立させ低価格を実現する」こと自体がゲーム感覚**になり、「いままで一緒に買ったことのない人を5人集めると……」「異なる靴のサイズを5種類そろえると……」などといった、さまざまな共同購入の「ミッション」がピンドゥオドゥオ上では日々生まれています。

参加者はもともとの友だちでも、ピンドゥオドゥオで知り合った人でもかまいません。何回も共同購入の体験を重ねることでコミュニケーションが深まり、コミュニティの輪がさらに広がります。

また、同じ趣味を持ったユーザーのコミュニティも数多く生まれており、大きなマーケットを形成しています。

ほかにも、ピンドゥオドゥオ内のゲームをプレイしたり、友だちを共同購入に参加させたりリンクを送るだけで特典として現金がもらえるイベントや、1等が人気商品、2等や3等が割引券の懸賞など、楽しみながら販売を促進させる仕組みも用意されています。ユーザーを楽しませる工夫とインセンティブ設計が絶妙で、たとえ仕事中であっても、こういった共同購入のお誘いや特典の通知が来たら、思わず手を止めて見入ってしまいそうになります。

「楽しい」を加速させるユーザー発案の商品開発

さらに、ピンドゥオドゥオのユニークなポイントは、**メーカーがユーザーから直接注文を受けて商品を開発するC2Mの仕組み**にあります。

共同購入を通じてユーザー同士の交流が深まると、次の段階としてユーザー間で「こういう商品があったらどうかな?」「いいね!」「どこかでつくれないかな?」といった会話がかわされるようになります。その声を、メーカーに直接届けることで、ピンドゥオドゥオ上でオリジナルの商品を共同開発し、販売するといったことが行われています。

たとえば、トイレットペーパーを製造している無名のメーカーがあるとします。そこに、

C2M (Customer to Manufacturer)
製造者が消費者の注文を受けてから商品をつくる完全受注生産型のビジネスモデル。製造者が用意した商品を消費者が購入する従来の流れとは逆に消費者の注文に応じて製造することで、在庫を抱えなくてよい、消費者ニーズとのミスマッチを回避できる、などのメリットがある。

あるインフルエンサーがユーザーを代表して「肌触りのよい高品質のトイレットペーパーを、大手メーカーより低価格で開発してくれませんか？」と呼びかけます。

さらに「１００メートル巻きにしてほしい」「芯はないほうがいい」などユーザーの声を届けながら、イメージしたとおりのトイレットペーパーを、手ごろな価格で実現するのです。

高品質の製造技術を持っていながらマーケティングが弱く、他の大手ＥＣモールではなかなか取り扱ってもらえるチャンスがない中小メーカーは、中国国内にも数多くあります。

彼らにとっても、ユーザーから直接注文を受け、ピンドゥオドゥオで取り扱ってくれることはこれ以上ないビジネスチャンスなので、喜んでリクエストに応じて開発を行います。

いわば、**いいものを安く買いたいユーザーと、大手モールで取引の機会がないメーカーとが、ピンドゥオドゥオというプラットフォームでマッチングすることで独自の経済圏が生まれている**のです。ある意味、「コスパ版・クラウドファンディング」ともいえるかもしれません。

一方のユーザー側にとっても、自分の声が届き、理想とする商品が実現することは、通常の買い物では得られない感動体験となります。

ユーザーの自己実現と、中小企業のビジネスメリットが両輪になって、Ｃ２Ｍのマーケッ

クラウドファンディング(crowdfunding)
「群衆（crowd）」と「資金調達（funding）」を組み合わせた造語で、インターネットを通じて活動やプロジェクトについて発信し、不特定多数の人々から少額ずつ資金を調達する手法。

トはピンドゥオドゥオ上で日々拡大しています。

EXを導入している世界最先端のテック企業

2

シャオホンスー（小紅書）〈通称：レッド〉

「ヒト消費」を加速させるファッションアプリ

多種多様なエンタメをまとめて楽しめる「SNS×口コミ×EC」プラットフォーム

「インスタグラムのパワーアップ版」×「@cosme」×「プチアマゾン」――レッドというアプリをたとえるなら、こんなイメージでしょうか。

2013年に登場したレッドは、当初は日本の「@cosme」のような化粧品の口コミサイトとしてスタートしました。中国製品は一切取り扱わず、海外からの輸入品に特化し、

シャオホンスー（小紅書／Xiaohongshu）
「行吟信息科技上海有限公司」が運営する中国のSNSアプリ。2013年サービス開始。登録ユーザー数は約3億人（2022年2月現在）。

@cosme（アットコスメ）
株式会社アイスタイルが運営する、国内最大級のコスメ・美容口コミサイト。

［図1-2］レッドの操作画面

出所：小紅書

［図1-3］化粧品以外の投稿も多い

出所：小紅書

都心に住むハイクラス層の女性をターゲットとしていました。

彼女たちは、アパレル、化粧品、生活用品など、ライフスタイルの幅広い領域に高いアンテナを張り巡らせています。したがって、レッドで取り扱うジャンルも自然と拡大していき、さらに**日常を画像や動画で投稿できるインスタグラムのような機能や、そこからすぐ購買のアクションに移行できるEC機能を追加しながら、レッドは進化を遂げていきました。**

今日では化粧品やファッションはもちろん、ゲームや音楽、スポーツ、読書、ペット、食事、教育、車にいたるまで、日常生活のありとあらゆるアイテムやレジャーに関する口コミ投稿が、ファッショナブルな画像や動画とともにアプリ上を彩っています。

買い物というエンターテイメントに加え、さまざまなエンタメ要素を同時に楽しめるようになっています。

次章以降に登場するサービスにも共通しますが、中国では「企業が発信する情報は信用できない」という、消費者側の根強い不信感があります。かつて化粧品や健康食品などの誇大広告が横行し、消費者にネガティブなイメージを与えてしまった歴史があるからです。

そのような不信感がある中、レッドは、口コミ投稿によって信頼性の高い海外ブランドの情報を得られるとともに、さらにその場で購入もできるとあって、またたく間にユーザーの支持を集め、急成長しました。

いまでは、**中国ではグーグルのような検索エンジンではなく、レッドを検索サイト代わりに使用するのが、ハイセンスなユーザーにとって「常識」**になっています。

日本でもツイッターやインスタグラムで検索する人が若年層を中心に増えていますが、レッドのようにＳＮＳ、口コミサイト、ＥＣをワンストップで併せ持つサービスは現状では見当たりません。

カテゴリーの細分化で多くの専門インフルエンサーが活躍

レッドがここまでハイセンスなユーザー層を獲得し、急成長できたのは、機能のワンストップ化だけが理由ではありません。ポイントは「**カテゴリーのセグメント**」にあります。

日本で定着したインスタグラムなどの場合、ファッションで支持を集めているひとりのインフルエンサーがコスメやグルメなどに取り扱うカテゴリーを広げる、というケースが一般的です。しかし、その人にとっては必ずしも得意な分野とはかぎらず、結果として企業案件のステルスマーケティングのようになってしまい、フォロワーの信用を損ねる、といったことにつながりかねません。

セグメント(segment)
「全体を分割したうちの一つ（断片）」のこと。ビジネスにおいてはマーケティング用語の一つで、顧客を年齢、性別、購買行動などの指標にもとづいて区分することを指す。

対して、レッドの場合は**コスメならコスメ、グルメならグルメと、インフルエンサーごとにカテゴリーが専門分化されています。**それも、コスメなら「プチプライス専門」など、かなり細かく「仕分け」されています。

基本的にはその仕分けされたカテゴリーのインフルエンサーとして活動することになり、他のインフルエンサーよりも専門性の高い内容でファンの心をつかんでいきます。

具体的な例を挙げると、「誕生日に恋人とディナーをしたい」と思い、レストランを探しているとします。「食べログ」などの口コミサイトでは「このお店は美味しい」「星3・5点」などのレビューは得られても、「デートシーンにふさわしい」かどうかといった情報までは載っていません。

それが、レッドでは「デートプランのレストラン情報」に強いインフルエンサーがいて、次のようなレビューが載っています。

このレストランのバースデープランでは、個室でディナーを満喫したあと、下のラウンジへと階段を降りると、天井からバラの花びらが降ってくる演出がありました。とても感動しましたね。食事だけ見れば3・2くらいだけど、バースデープランに関しては4・5あげられます！

それだけでなく、「同じような演出をご希望の方のために、そのレストランとコラボしてプランを用意してもらいました！」とリンクが貼ってあり、そのインフルエンサー専用プランが販売されていることもあります。

ここまでインフルエンサーごとにカテゴリーが細分化された背景には、レッドが化粧品の口コミサイトからスタートしたという成り立ちがあります。

「化粧品」と大括りにすると、インフルエンサーごとに扱う商品はたいてい似通ったものになってしまいます。そこで、個々のインフルエンサーがフォロワーを獲得するための戦略として、「ファンデーション」や「アイメイク」など、ニッチな領域に特化していったのです。

カテゴリーごとにインフルエンサーが「仕分け」されたことで、**「この人の薦めるファンデーションなら間違いない」とユーザーもそのインフルエンサーの情報を信用し、薦める商品を購入しています。**

その結果、1000万人クラスのフォロワーを持つインフルエンサーも続々生まれており、フォロワーが1億人近い「スーパーインフルエンサー」も誕生しています。

ユーザーは商品だけでなくインフルエンサーも「レビュー」する

レッドでは、ユーザーは商品のスペックより、「どのインフルエンサーが紹介しているか」で商品を選び、購入します。

アマゾンなどのようにモノやサービスに対する評価ではなく、**インフルエンサーに評価がついているる**ともいえます。

前述のとおり、レッドのアプリにはＥＣ機能があり、投稿の画像・動画からそのまま購入画面へと移動できるので、お気に入りのインフルエンサーが紹介する商品をその場で「ポチる」ことができます。

そのインフルエンサーが直接紹介する商品だけでなく、画像や動画の背景に映っている洗濯機やベビーカーなどにも、ＡＩが自動解析してタグがつくこともあります。たまたま映り込んだ商品も、憧れのインフルエンサーのライフスタイルを象徴するグッズとしてほしくなり、フォロワーは喜んで購入ボタンを押します。

さらに、レッドはアプリ内に直接ＥＣ機能があることで、**購買の成果に応じてそのインフルエンサーに手数料がバックされる仕組みになっています。**

インフルエンサーの側も、自身のアクセス状況や販売実績をレッドが提供するアナリティクスツールでチェックし、分析することができます。

分析といってもすべての指標をチェックするのではなく「まずはこの指標を上げることをめざしましょう」「この人はこうして成功しています」とポイントを絞ってアドバイスしてくれるので、インフルエンサーもやるべきことがわかり、モチベーションが高まります。このユーザーに寄り添ったUI設計もレッドのうまいところです。

フォロワーにとっても、憧れのインフルエンサーから一方的に情報を受け取るだけでなく、そのインフルエンサーからの購入という形で直接「お礼」を返すことができます。

このことにより、その商品をネット通販で価格順に並べ替えて、単に安く買えればいいという観点でなく、**商品の魅力の伝え方や、よりユーザーに合った使い方などを伝えることで、付加価値を生み出していく**のです。

こうした**双方向のギブ&テイクによって、インフルエンサーとフォロワーの関係性が強化され、持続していきます。**

インフルエンサーの側も、フォロワーへの期待に応えようと、より有益な情報を提供するのでフォロワーのロイヤリティもさらに高まっていく……といった好循環がもたらされるのです。

UI (User Interface)
利用者（ユーザー）と製品やサービスとの接点（インターフェース）のこと。とりわけ、ウェブサービスやソフトウェアにおける見やすさ、使いやすさに対して用いられる。

EXを導入している世界最先端のテック企業 3

チャンバ（唱吧）

固定費を大幅削減しながら利益爆増！「ひとりカラオケ」を「みんな」で楽しむコミュニティアプリ

チャンバ（唱吧／changba）

「北京小唱科技有限公司」が運営する音楽コミュニティアプリ。2012年サービス開始。

EXによって伝統的なエンタメ「カラオケ」が大進化

日本のカラオケ業界は、長く苦境が続いています。市場規模は1996年の1.2兆円をピークに2019年は約4000億円まで縮小。全国カラオケ事業者協会の「カラオケ白書2022」によると、2020年は新型コロナウイルスの感染拡大にともなう政府の緊急事態宣言（4～5月）の影響もあり、前年比48・1％減と半分近くまで激減。2021年はさらに2割減少し、市場規模は1550億円となりました。

カラオケボックスは、賃借料や人件費などの固定費が80％を占めるビジネスモデルであり、需要の減少がそのまま収益を圧迫しています。

中国でもカラオケは人気の娯楽のひとつですが、日本と同様、近年では大人数でカラオケを楽しむ習慣はだんだん減ってきていました。一方で、**若年層を中心に少人数や個人でカラオケを楽しむ傾向**が見られています。

そのトレンドにいち早く対応した企業が「北京小唱科技」です。

同社では従来のカラオケボックスのほかに、公衆電話ボックスの倍ほどの「ミニカラオケボックス」を商業施設や映画館などの中に設置。「買い物や映画鑑賞のついでに歌いたい」というニーズに対応し、かつ無人化によって人件費を削減しています。

ただ、本書で注目したいのはそこではありません。

「カラオケを通じたコミュニケーションをいつでもどこでも、みんなと楽しめるよう追求する」を経営理念に掲げる北京小唱科技が、いまビジネスの軸足を置いているのは**「チャンバ」という音楽コミュニティアプリ**です。

［図1-4］

大型商業施設によく設置されているミニカラオケボックス

著者撮影

チャンバは**カラオケという、もともとエンターテイメントだったものを、ＥＸの視点から、時代に合ったエンターテイメントへと進化させた**点に特徴があります。

「こっそり練習して上達したい」「自宅でもカラオケを楽しみたい」というニーズに合わせ、いつでもどこでも「ひとりカラオケ」を楽しめるように開発されたアプリがチャンバです。スマートフォンにチャンバのアプリをインストールすれば、いつでもどこでもひとりカラオケを楽しめます。

さらにBluetoothスピーカーつきのマイクがあれば、自宅でもカラオケボックスさながらの臨場感が体験できます。音漏れを気にする人や歌声を聞かれるのが恥ずかしい人にとっても、イヤホンマイクを使って、周囲に配慮しながら安心してカラオケを楽しむことができます。

「自分の歌声で世界とつながる」新時代のカラオケ体験

チャンバには、ユーザーにカラオケを楽しんでもらうために歌声を盛り上げるエコーやリバーブなどのエフェクト機能が搭載されています。

また、自分の歌声をＡＩで美声にしたり、伴奏を高音質化できる課金プランもそろえており、誰でもプロ歌手になったかのような体験が得られます。

ほかにもオンラインでのティーチングプランや、歌唱力をスコア化して定量的に成長をチェックできる機能など、**ユーザー自身が「成長」を楽しめる工夫**が随所に盛り込まれています。

ただ、「ひとりカラオケ」といっても、文字どおりひとりでカラオケを楽しむだけではありません。**カラオケ体験を仲間と共有し、交流を深めるコミュニティ機能こそが、チャンバの大きな魅力**です。

チャンバのアプリにはSNS機能があり、ユーザーはそれぞれ「部屋」をつくって自身の歌を投稿しています。その歌をミュージックビデオのような動画にして公開したり、歌っている様子をライブ配信して「中国版LINE」のWeChatで共有したりします。

自分の「部屋」にフォロワーがつくと、ユーザーは承認欲求をかきたてられてどんどん投稿を増やしていきます。

また、チャンバには地域別、作品別、歌手別など、歌唱力を競うチャートが無数にあります。

GPSの位置情報をオンにしていれば「町内ランキング1位」と表示されたりと、**競争心をかきたてられる仕組み**が用意されています。中には「〇〇小学校の卒業生で1位」などの「謎ランキング」もありますが、こういう豊富なチャート機能によってユーザーはつ

いつい アプリを開いてしまうようになります。
このあと登場する企業にもあてはまりますが、こういったユーザーデータを活用したセグメント機能やチャート機能によってユーザーのモチベーションを高めるのは、中国テック企業の得意とするところです。

新たなカルチャーを生む「夢がかなうアプリ」

このほかにも人気投票、友だちとの個室歌謡ショー、お気に入りユーザーに対する「投げ銭」機能など、チャンバにはコミュニティ機能が充実しており、ユーザー同士が思い思いの交流を楽しんでいます。

ユーザー同士の「ヨコの交流」だけでなく、アプリ内にはプロの歌手や読者モデルのようなインフルエンサーもいるので、彼らとの「タテの交流」を楽しむこともできます。

次第に「みんなでコミュニティを盛り上げていこう」とする気運が生まれ、自ら歌うだけでなく、プロの歌手をめざすユーザーを応援する人、そのコミュニティ内でMCになって仕切る人、DJのようにセレクションする人など「裏方」に回るユーザーもあらわれます。

これらのコミュニティにほかのユーザーも自然に巻き込まれ「友だちの輪」がさらに広がっていきます。

実際、このチャンバからプロデビューするユーザーも出てきており、どんな田舎に住んでいてもアーティストへの道が拓けるとあって、チャンバは「**夢がかなうアプリ**」として若者たちの新しい文化をつくりました。

また、どの曲をどのユーザーがどれくらい聞いているか、または、どの曲のどの部分がうまく歌えていないか等のデータを音楽レーベルに提供して、ミュージックシーン自体を変えていったり、その曲を好むユーザーにプロモーションをすることで、大きな利益を手にし、**ユーザーの応援とビジネスをうまく融合**しています。

チャンバの開発によって、北京小唱科技は「**カラオケボックスを運営する企業**」から「**ユーザーの自己実現を応援する企業**」へと、**文字どおりトランスフォーム**（変革）**しました。**

自社の変革だけでなく、中国に「**ひとりカラオケを『みんな』で楽しむ**」という新たなカルチャーを定着させたという意味で、社会をも変革したといえるでしょう。

特徴1 「便利」を超えた「楽しい！」の追求でユーザーデータを獲得

ここまで見てきた3つのケースに共通する最大の特徴は、**ユーザー同士が自由に交流するプラットフォームを提供することで、ユーザー側に「楽しい！」と感じさせるベネフィットをもたらしていること**です。

ピンドゥオドゥオは「お得な買い物」、レッドは「ハイセンスなライフスタイル」、チャンバは「カラオケ」とそれぞれサービスは異なりますが、そのコンセプトを軸にユーザー同士が思い思いのコミュニケーションを楽しみながら、承認欲求を満たしたり、ゲーム感覚で体験を共有したりしています。

言い換えると、これらは**ユーザーの「自己実現」を応援するプラットフォーム**でもあります。

「歌手としてデビューしたい」「多くのフォロワーを獲得したい」という自己実現の追求がコミュニティを大きくし、「ヒト消費」を加速させています。

楽しいから自然にユーザーが集まって投稿や買い物をし、多くのユーザーデータが日々蓄積されます。そのデータをＡＩが解析し、アジャイルでサービスを改善していくことで、さらにユーザーが増え、大きなコミュニティになり、ひとつのマーケットを形成していきます。

これが、ＤＸを超えた「ＥＸ」と私が呼ぶ理由です。

ところで、こういったユーザーデータ活用の話題になると、日本ではまだ慎重な見方をする人が少なくありません。「中国だから喜んでユーザーデータを提供するのではないですか？」という人もいます。

日本と中国の文化や国家規制の違いはあると思いますが、中国でも特に若年層は日本と同様、データをとられることに慎重な姿勢を見せます。

それでも**これらの企業がユーザーデータを獲得できているのは、それに見合うだけのベネフィットをユーザーに提示できているから**です。データを提供することで、より気持ちのよいユーザー環境が実現することを知っているから、納得してデータの提供に応じるの

アジャイル(agile)
直訳すると「俊敏な」という意味。主にＩＴ分野などでは「アジャイル開発」と用いられ、方針変更や環境の変化などに柔軟に対応した開発手法を指す。

です。

この「データ提供の対価としてのベネフィットを提示する」ことは、ユーザーデータ獲得における重要なポイントです。

ここでおさえておきたい大事な点は、**ユーザーはいつでもそのデータの提供を停止、再開できる**ということです。

データを停止すれば、当然ユーザーにとってのベネフィットもなくなります。しかし、その選択肢を企業は制限せず、ユーザーが自ら選択できることが大事です。つまり、お互いがフェアな状態が必要なのです。

特徴2 企業は「ユーザーの遊び場」の管理人

EXを実現しているこれらのケースでは、企業自体が表に出ることはほとんどありません。それぞれの**プラットフォームの「管理人」的な立場で、ユーザーに最大限遊んでもらうための環境づくりに徹しています。**

サービスを開始した当初は一生懸命商品やサービスを販売していたのですが、気づいたらユーザーを応援したり、褒めることしかやっていない、という企業が多いのです。

　レッドでは、インフルエンサーのカテゴリーを細かく「仕分け」することで、それぞれのインフルエンサーが得意な分野に特化し、結果としてフォロワーの信用を高める工夫がなされています。また、フォロワーを増やすためのアナリティクス機能もわかりやすいUIにすることで、インフルエンサーをやる気にさせています。

　チャンバでは、お気に入りのユーザーを応援する動きや、ユーザーの中からMCやDJ役があらわれるなど、ユーザー側が勝手にコミュニティを盛り上げてくれます。

　企業側はさまざまな種類のランキングでユーザーをやる気にさせたり、「投げ銭」機能で応援する仕組みをつくったりするなど、ユーザーに楽しんでもらう「裏方」に完全に徹しています。

　企業側はこれらの仕組みをつくるだけで、あとはインフルエンサーが勝手にそれぞれのコミュニティを運営してくれます。

　ピンドゥオドゥオも、ユーザー同士、あるいはユーザーと中小メーカーとのマッチング役に徹しており、共同購入やC2Mの商品開発に直接関与することはありません。

　アマゾンに代表される大手ECモールは、じつは直販の子会社を持っていたり、プライベートブランドを販売していて、自社に有利なようにプラットフォームを「支配」しています。また、ショップ側を厳しく管理統制しています。

そのような中央集権的なプラットフォームにくらべると、ピンドゥオドゥオはかなりフラットで民主的ともいえます。だから、ユーザーやメーカーが自由に交流と買い物体験を楽しめる「遊び場」が実現しているのです。

プラットフォームを運営する企業側が過剰に干渉せず、ユーザーを応援したり、褒める側に徹することで、ユーザー自身もやる気になり、さらに投稿などのアクションを増やしていきます。

このように、**ユーザーに自由に楽しんでもらうことで、「ユーザーの自己実現」と「企業の成長」の2つのループがブーストされます。**その結果、どんどんユーザーデータが蓄積されていくのです。

特徴3 コミュニティを活性化し、縦横無尽のつながりを生む

これらのケースでは、**コミュニティを通じてひとりのユーザーから別のユーザーにつながるといった「多角形」の交流が数多く生まれています。この多角形の交流を本書では**

「パーソナルトラフィック」と呼びます。

チャンバではカラオケを通じたユーザー同士の「ヨコの交流」やプロ歌手との「タテの交流」が無数に生じています。

レッドでは、インフルエンサーとフォロワーとの購買を通じたギブ＆テイクの関係が数多く生まれています。

ピンドゥオドゥオでは、共同購入を通じて新しいユーザーとの交流ができ、さらに共通の趣味を持ったユーザーのコミュニティが生まれています。

これらのパーソナルトラフィックは、自然に発生しているようで、じつは**「管理人」である企業側が「こうしたらもっとフォロワーが増えますよ」「こうするとランキングが上がりますよ」などと「制約」をかけながらユーザーを誘導**しています。

制約、というと自由度がないように思われますが、要はユーザーがより自己実現できるよう、適切に条件づけをしてあげるということです。

最終的にはユーザー自身が選択するのですが、この条件づけを企業側が設けることで、結果としてフォロワーが増え、ユーザーの自己実現につながるのです。

レッドのアナリティクス機能はその一例でしょう。そのことでさらにアクセスが増え、大量のユーザーデータが集まるので、企業側としても自社利益に合致することはいうまでもありません。

先にお伝えしておくと、ここで紹介したEXの特徴は、次章以降に登場する企業のケースにおいてもしばしば見られます。

これらの企業は、もはや自社のオフィスで経営企画やマーケティングは行いません。会議室でしかめ面をして考えたお客さま像、いわゆるペルソナ通り、そんな人間は存在しないことを経験則から知っているのです。ただひたすら、ユーザーを楽しませながらユーザーデータの獲得に徹しています。データほど、ユーザーの行動特性を雄弁に物語るものはないからです。

データは、予測と現実のギャップを埋めてくれます。たとえば、ある企業に販売戦略を練る優秀な人材がいるとしましょう。平均的なユーザーはこう感じて、購買するだろうと彼は予測し、戦略を練ります。しかしこの人材はかなり優秀なため、現実には平均的なユーザーではないのです。そのため、予測と現実はしばしば乖離します。したがって、予測をもとにした戦略が、現実に対応しているかどうか判断するため、データが重要になるのです。

生のデータをよく観察することは、特に変化の速い時代において、自身の予測とのギャップを埋めていくために必要なことといえます。

多くの日本企業が「お客さまの声」を聞くためにアンケートやヒアリングにいそしんでいる一方で、**海の向こうの新興テック企業はユーザーデータとＡＩで日々サービスをアジャイルで進化させている**のです。

第2章

ユーザーと企業が「共犯関係」を築いている

KEYWORD

Winの4乗ループ

億単位の買い物をするなら「ライブ配信」で

「このマンションのお値段ですが……なんと1億円！　いかがでしょうか？」

不動産仲介業者の「ライバー」が威勢のいい声で、中古マンション物件の価格を発表します。番組が始まって10分ほど経ちますが、すでに1万人を超えるユーザーがライブを視聴しています。

「この条件でこの価格はなかなかありませんよ」

ライバーの隣にいる不動産鑑定士のコメンテーターが解説します。と同時に、画面上には視聴者のコメントが次々に流れます。

「後ろの道路があまり映っていなかったけど……」
「ドアが閉まっている奥の部屋は、じつは汚いのでは？」
「1億円は高い。せめて9000万円くらいでは？」

ライブ配信
配信サーバーやインターネットを経由し、映像や音声をリアルタイムに視聴者に配信すること。

すると、こちらも不動産鑑定士の資格を持っているという別のユーザーがコメントします。

「いや、競売物件ですから、この条件なら通常の相場より2割は安いと思いますよ」

そのコメントが決め手となったのでしょうか。ひとりの視聴者が手を挙げ、物件は無事成約しました。

この日予定していた5件の物件はすべて完売。1時間のライブ番組は20分もしないうちに終了しました――。


近年中国でさかんな不動産物件のライブコマースの様子を再現してみました。不動産への投資意欲の高い中国では、このような不動産のライブコマースが人気を集めています。

数千万円から億単位の不動産とライブコマース。一見、結びつきにくい組み合わせのように思えませんか？

ところが、じつは不動産とライブコマースは相性がいいのです。

ライブコマース
ライブ配信とECを組み合わせた販売手法のこと。SNSなどを通じてライブ配信を行い、商品を紹介して視聴者をECサイトへ誘導する。

情報格差を解消する「Winの4乗ループ」

経済学の用語に**「情報の非対称性」**という言葉があります。売り手が商品やサービスに関する情報を独占的に保有し、一方の買い手には情報が十分に知らされておらず、双方の間に情報格差が生じている状態のことです。

とりわけ不動産や中古車など一見しただけでは欠陥に気づきにくい商品や、医療サービスや法律相談などのように専門性の高い領域では、この情報の非対称性が生じやすくなります。

こういったジャンルにおいては、消費者を恣意的に誘導しようとする誇大広告が出回りやすくなります。

日本でも、アフィリエイト収入を目的とした「飲むだけで脂肪が燃える！」「巻くだけで腹筋がバキバキに！」などといった悪質な広告があとを絶たず、一部の事業者に消費者庁が措置命令を行うケースも見られます。

この問題に対して、世界のテック企業が運営するプラットフォームでは、**売り手と買い手が互いに協力する「共犯関係」によって情報格差を解消しようとする動き**が見られます。

アフィリエイト
成果報酬型広告。ウェブサイトなどで商品を紹介し、そのサイトでのクリック数や購入数に応じて紹介者（アフィリエイター）に一定額の報酬が支払われる。

冒頭のようなインフルエンサーが活躍するライブコマースでも、ユーザー同士でコメントを出し合いながら疑問点をクリアにし、売り手の側もユーザーのリクエストに応じて情報を公開することで、ユーザー側が十分な情報を得ることができます。しかも、ライブ配信だからごまかしがきかず、情報の信頼度はさらに高まります。

美容医療の分野においては、中国で最大の人気を誇る美容医療プラットフォーム「ソーヤング」が、インフルエンサーが自ら体験した施術の経過やレビューなどを画像・動画で公開することで、これ以上ない「ファクト」にもとづいた信頼度の高い情報を発信しています。

そのインフルエンサーに対してもユーザーのフォローがつくとともに大きなキャッシュ

［図2-1］　Winの４乗ループ

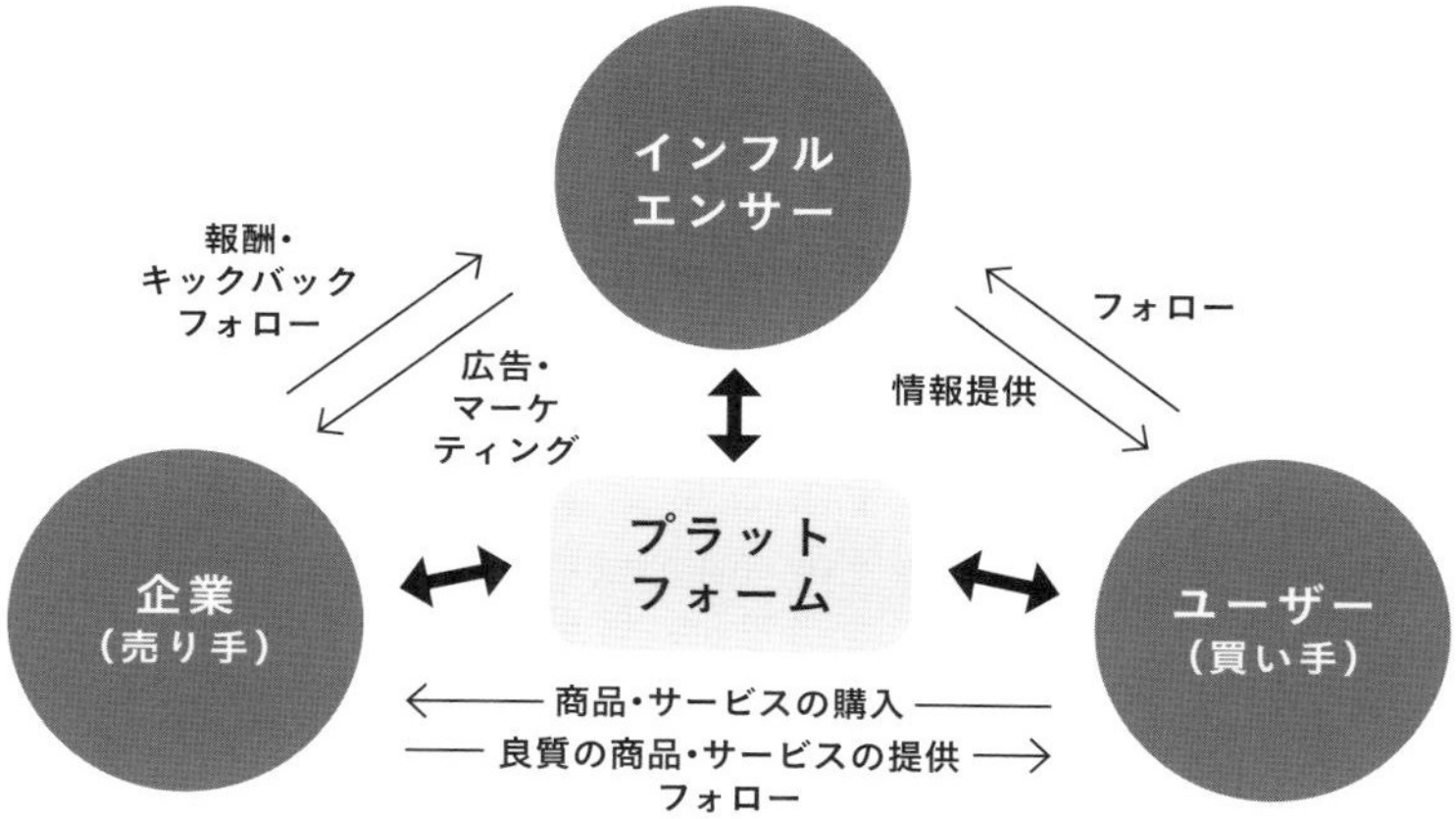

バックが得られるので、より正確でリアルな情報を提供しようとするインセンティブが働きます。

このように、**プラットフォーム、企業（売り手）、買い手、さらにインフルエンサーの4者が「Ｗｉｎ」の4つのエンジンで好循環を回す「Ｗｉｎの4乗ループ」**が、最先端のテック企業では非常にうまく構築されており、情報格差を解消しながらプラットフォームの価値を高めています。

その具体的なケースとポイントを見ていきましょう。

Winの4乗ループを導入している世界最先端のテック企業

1 タオバオライブ（淘宝直播）

億単位の不動産が数分で成約！中国ライブコマースを牽引する「真のＥＣの巨人」

タオバオライブ（淘宝直播／Taobao Live）
アリババグループが運営するライブコマースチャンネル。2016年サービス開始。年間売上は約2兆1800億円（20年）、MAU（月間アクティブユーザー数）は約3億2000万人（21年6月）。

アマゾンを超える「真の世界一小売業者」が提供するライブコマースプラットフォーム

アマゾンがついにウォルマートを抜いた――ＥＣプラットフォーム・アマゾンの２０２１年６月末までの１年間におけるＧＭＶ（流通取引総額）は６１００億ドル（約67兆円）となり、ウォルマートの年間売上の５６６０億ドル（約62兆円）を抜いた、と米『ニューヨークタイムズ』が報じました。

アメリカの小売業界で長年トップに君臨し続けてきたウォルマートをはじめて追い越し、アマゾンは名実ともに「世界一」の小売事業者となったのです。

しかし、この「世界一」には、ひとつの留保がついています。それは「中国を除いて世界一」という意味です。

中国には、**ＥＣの巨人・アマゾンをも超える真の「巨人」**があります。それが「アリババグループ」です。

「タオバオ」、「天猫」などの巨大ＥＣモールを運営するアリババグループ。２０２１年度

タオバオ（淘宝／Taobao）
アリババグループが運営するオンラインショッピングモール。「天猫」が企業のみ出店できるＢｔｏＣ型のプラットフォームであるのに対して、個人間のＣｔｏＣ型の取引を軸としたプラットフォームである点に特徴がある。

（2021年4月〜2022年3月）のグループ全体の売上高は8531億元（約16・2兆円）、グローバルにおけるGMVは8・3兆元（約158兆円）と、実にアマゾンの倍以上の規模を誇り、中国国内でのEC市場でも50％を超えるシェアを占めています。

タオバオ単体だけで見ても、年間アクティブユーザー数5億人、GMV85兆円と、アマゾンを大きく引き離していることがわかります。

その**タオバオの好調を支えているのが、淘宝直播（タオバオジーボー）、通称「タオバオライブ」というライブコマース**です。

2021年末時点でのタオバオライブを通じたGMVは4000億元（約7兆6000億円）を超えました。

この**タオバオライブは、「Winの4乗ループ」を使ってその価値を圧倒的に高めた代表的なサービス**です。タオバオライブは「レッド」「TikTok」「クアイショウ」などさまざまなライブコマースの先駆けであり、ライブコマース市場を牽引する存在です。

「買い手」がいつのまにか「売り手」に回るライブコマース

タオバオライブでは、宝飾品から農産物にいたるまでさまざまな商品がライブコマースを通じて販売されています。中でもひときわ目立つのが、差し押さえられた不動産の競売物件のライブコマースです。

中国では、銀行が差し押さえた競売物件の販売を促進するため、最高人民法院（日本の最高裁判所に相当）がタオバオや京東などＥＣプラットフォームと提携したインターネット競売を進めています。

中国のシンクタンク、前瞻研究所の調査によると、２０２０年の中国全土での不動産競売市場の総成約額は７１７１億元で、前年にくらべて28・２％も増加しています。

長引くコロナ不況もあり、競売物件は今後も増加していくことが見込まれます。

その競売物件をライブコマースで販売することは、不動産仲介業者にとっては大きなコストメリットがあるのです。

対面では１件の物件に対してひとりの顧客しか対応できなかったのが、**ライブ配信では同時**

［図２－２］
不動産を扱うライブコマースの様子

出所：收稻平台

に何千、何万もの人に紹介できます。また、リアルタイムで視聴者からの質問や指摘に答えることで、これまで顧客への説明に要していたコストと時間を大幅に減らすことができます。同時に、視聴者の信頼度も高まります。

おもしろいことに、物件を落札したユーザーが、購入後に物件のレビューを動画で配信することがあります。

購入した物件について「ここは期待以上だった」「ここは購入前のイメージと違っていた」といった本音のレビューを配信することで、今度はそのユーザーへの信頼が高まり、フォロワーがつきます。その結果、ライブコマースの不動産評論家としてインフルエンサーに転身するユーザーもいます。

このように、タオバオライブのようなプラットフォームでは「売り手」と「買い手」の境界がいい意味であいまいなので、双方向のフラットなコミュニケーションが生まれやすく、「買い手」がいつのまにか「売り手」に回ることが起こりえるのです。

「信用スコア」が信頼度の高い情報とフェアな取引を担保

タオバオライブがここまでユーザーの支持を集めているのには、もうひとつ理由があります。

それは、グループ内の決済アプリを通じた**「信用スコア」**です。信用スコアについては第５章で詳しくご説明しますが、とても重要なので、ここでも簡単にお話しします。

アリババグループには「アリペイ」という決済アプリがあり、中国のモバイル決済市場において約６割のシェアを占めています。

そのアリペイが個人の属性データから購買履歴、税金や公共料金の支払い履歴などのあらゆる決済データを収集・蓄積しており、それらのデータを「セサミクレジット（芝麻信用）」という同グループの信販会社が**個人レベルで信用を「スコア化」**しているのです。

従来目に見えなかった「信用」を明確な数字で示されることで、人々はなるべく信用スコアを上げるよう、もしくは下げないよう行動しています。いわば、その**信用スコアが個**

人の行動を制御しているのです。

ライブコマースで虚偽の、あるいは間違った情報を流そうものなら、その人の信用スコアはたちまち低下するだけでなく、ユーザーも離れていきます。

これ以上の不利益はありません。したがって、そのような不利益につながる行動は誰もとろうとしません。この信用スコアがもたらす行動制御のメカニズムもまた、信頼度の高い情報とフェアな取引を担保しています。

加えて、ユーザー側からしても、アリペイで買い物をしたほうが自分の信用スコアが上がるので、それもアリババグループのタオバオライブを利用する強力なモチベーションとなっています。

Winの4乗ループを導入している世界最先端のテック企業

2 ソーヤング（新氧）

体験談は広告に勝る！施術体験を「シェア」し合う美容医療プラットフォーム

ソーヤング（新氧／So Young）
「新氧科技有限公司」が運営する中国の美容医療プラットフォーム。2013年サービス開始。年間売上は約325億円（2021年）、MAUは850万人。

美容整形の不安には「ユーザーの生の声」がいちばんの処方箋

隣国の韓国では、若い女性の間で人気の「美容整形」。近年では韓流アイドルブームも追い風となり、日本においても徐々にポピュラーな存在になりつつあります。

韓国最大の美容医療アプリ「カンナムオンニ」も日本上陸を果たし、美容クリニックの広告も街中でよく見かけるようになりました。

しかしながら、決して安くないお金を投じて手術を行うのですから、ひとたび失敗してしまうと取り返しのつかないことになります。でも、どのクリニックの施術が信頼できるのか、まったく情報が不透明なのがこのジャンルの特徴です。

したがって、美容医療は「広告のコストパフォーマンスがもっとも低いジャンル」のひとつといわれています。

どうすれば、美容医療において信頼に足る情報を得られるのでしょうか？

その難問を「Ｗｉｎの４乗ループ」で解決しているのが、中国の美容医療プラットフォー

カンナムオンニ
韓国でナンバーワンの美容医療口コミアプリ。２０２０年に日本に進出した。

ム「ソーヤング」です。

2013年に創業したソーヤングは、**美容整形に興味のあるユーザーが、美容整形サービスを紹介・評価することのできるコミュニティ型のプラットフォーム**です。美容コンテンツの発信だけでなくユーザー同士のコミュニティの運営など、幅広いサービスを提供しています。

ソーヤングの創立者は、美容医療業界に参入するにあたって、市場を徹底的に調査した結果、「多くの美容医療経験者は、術後の回復期にさまざまな不安や疑問を抱えており、誰かに話を聞いてもらいたいと感じている」というユーザーの欲求を見出しました。

そのニーズを満たすために、「**自身の施術体験をシェアし、同じ不安や悩みを抱えるユーザー同士がつながるコミュニティプラットフォーム**」というアイデアを核として、ソーヤングは立ち上げられました。

圧倒的なキャッシュバックがインフルエンサーを増やす

ソーヤングの大きな特徴は、ユーザーの投稿に対する「**ケタ違い**」**のキャッシュバックの仕組み**にあります。

［図2-3］ソーヤングの利用者数の推移

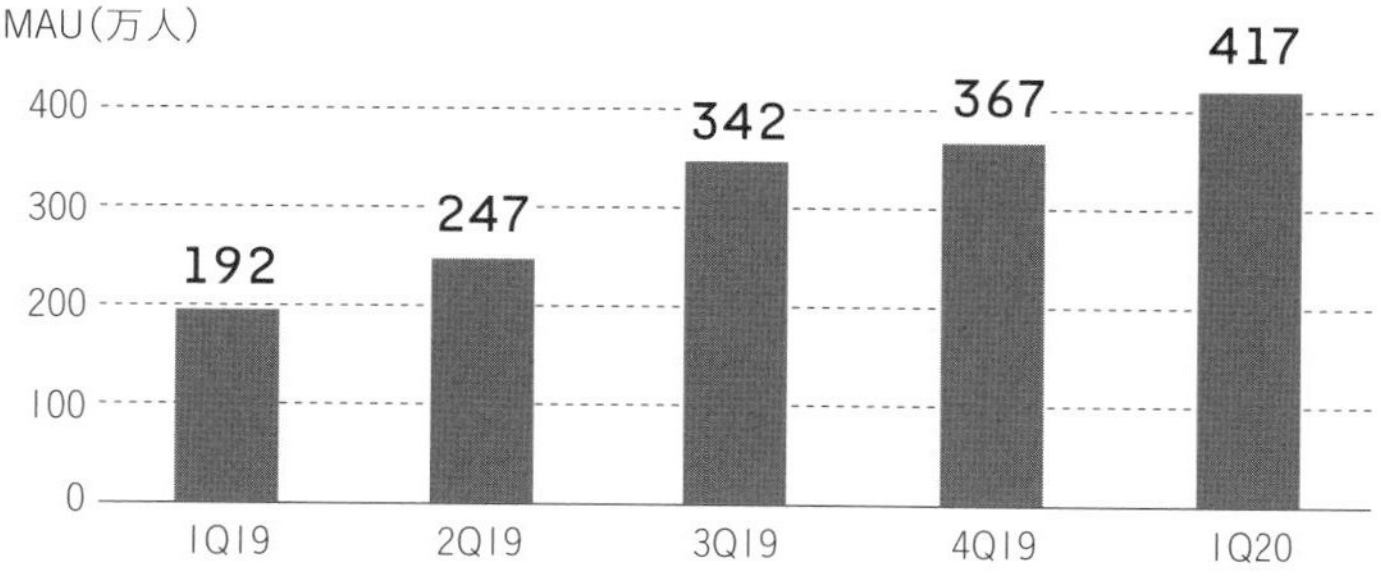

出所:新氧科技

［図2-4］スマホひとつで診断ができる

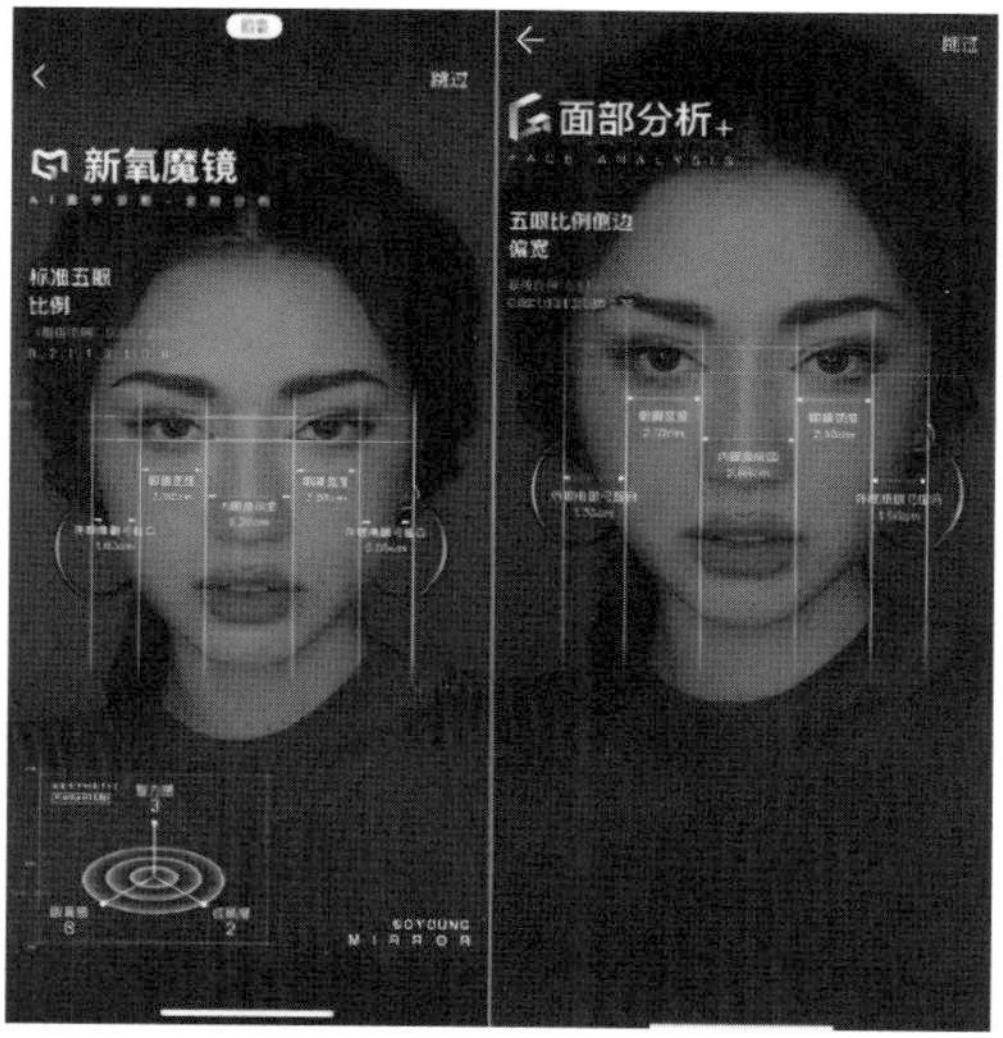

出所:新氧科技

整形手術を体験したユーザーがその体験日記を投稿すると、施術費用の一定割合がキャッシュバックされます。その日記からユーザーの契約につながると、さらにキャッシュバックが与えられ、結果として施術費用がタダになったり、プラスの収益が出ることさえあります。

日本にも美容整形の口コミ予約アプリサービスは複数あり、ユーザーが施術のプロセスを投稿することでポイントがつく仕組みになっています。が、さすがに施術費用をまるまる回収できるほどのキャッシュバックはないでしょう。

また、さまざまな**美容医療サービスを体験・紹介するユーザーは多くのフォロワーを獲得し、インフルエンサーになっていきます。**

ユーザーの相談に乗るだけでマージンが入る仕組みになっており、さらにインフルエンサーがユーザーやクリニックとオリジナルのプランを共同開発するなど、さまざまなキャッシュポイントがあります。

そしてレッドと同様、ソーヤングでも裏でアクセス解析のツールが回っており、インフルエンサーはアクセス数の増減や自身のポジションを逐一把握しながら戦略を立てています。

ＵＩも視覚的でわかりやすく設計されており、インフルエンサーの投稿意欲をうまくかきたてています。このあたりの最先端テック企業の巧みなところにはつくづく唸らされます。

「モノ」「サービス」でなく「ヒト」に評価がつく

美容医療マーケットの主要ターゲットは20～30代の女性です。情報に非常に敏感で、何より企業が発信する広告メッセージに疑いのまなざしを向けています。

消費者としてのリテラシーも高く、医療専門家やコンサルタントよりも多くの知識を持っているケースも少なくありません。そういった消費者を納得させ、振り向かせるのは容易なことではありません。

そこを、ソーヤングでは強引に納得させるのではなく、**インフルエンサーがユーザーと同じ目線に立って、自身の等身大の施術体験を発信することで、ユーザーの疑問や不安を解消しています。**

「おととい、まぶたのここを切りました。経過はこんな感じです」

「唇にヒアルロン酸注射を打って１週間が経ちました」

インフルエンサーが施術の過程や結果を投稿する画像や動画は、ときに痛々しいものがあります。しかし、美容医療に興味のあるユーザーにとって、これ以上リアルで説得力のある情報はないでしょう。

医者が自分のサービスを売り込むのではなく、体験したユーザーが、医者や医療を褒めたり、批判したり、薦めたりするわけです。

［図2-5］インフルエンサーは自身の術後経過を投稿する

出所：新氧科技

日本でも稀に問題に上がる、HP記載の金額と問診の際の金額提示が大きく異なることの抑制につながったり、さまざまな方向性の豊富な情報でじっくり比較することができます。

日本の美容整形のHPはあくまで個々のサービスのHPであって、ひとめで評価を比較できるような、統一化されたプラットフォームはほとんどありません。

じっくり検討できることで、ユーザーの満足度は押し上げられることとなり、ソーヤングは各方位から重宝されています。

第1章でも「レッド」などのケースをもとに「ヒト消費」の話をしましたが、**評価はいまや「モノ」や「サービス」ではなく「ヒト」につく時代**です。

しかも、遠くにいる美容医療の専門家より、身近にいるインフルエンサーのほうが多くの共感を集め、信頼を獲得します。

そのことは同時にインフルエンサーにとってのモチベーションにもつながります。インフルエンサーはソーヤングが提供する解析ツールを活用して、もっと有益な情報をユーザーに届けようとします。

こうして、ソーヤングというプラットフォームそのものが発展していくのです。

このように、「共犯関係」がつくる好循環をソーヤングでは見てとることができます。

Winの
4乗ループを
導入している
世界最先端の
テック企業

3

ジーフー（知乎）

ベストアンサーは「みんな」でつくり上げる！
コミュニティ型の進化系Q&Aサイト

ジーフー（知乎／Zhihu）
「北京智者天下科技有限公司」が運営する中国最大のQ&Aサイト。2011年サービス開始。年間売上は約560億円（2021年）、MAUは1億1200万人（2021年）。

専門家が「実名」で回答する中国最大Q&Aサイト

ここまでタオバオライブやソーヤングのケースを見てきましたが、**消費者は常に、自身の抱える疑問や不安を解消するために信頼度の高い情報を求めている**ことがうかがえます。

インターネットやSNSの普及によって情報がいくらでも入手できるからこそ、真に価値のある情報はお金を払ってでも手に入れたい、と消費者心理も変化しているのでしょう。

その「**真に価値のある情報**」を**気軽に、すばやく得られるプラットフォーム**として急成長を遂げているテック企業が「ジーフー」です。

わからないこと、疑問に感じたことについて「いますぐ答えを知りたい！」と思ったとき、あなたが思い浮かべるサイトは何ですか？　おそらく多くの方が「Yahoo!　知恵袋」「教えて！　goo」といった無料のＱ＆Ａサイトを連想すると思います。

ジーフーも、平たくいえばこれらＱ＆Ａサイトの１種です。ただ、「Yahoo!　知恵袋」などとは主に次の点で異なります。

①有料会員プランがある
②その分野の専門家が、実名で回答する
③ユーザーと専門家、およびユーザー同士が交流するコミュニティ機能がある

①と②の特徴を見ると、「Ｑ＆Ａに特化したニューズピックス」のイメージでしょうか。ニューズピックスでは「プロピッカー」と呼ばれる各分野に精通した専門家が、ニュースについて専門的なコメントを投稿することで、ひとつのニュースに対してより深掘りした視点を提供してくれます。

そのプロピッカーのような専門家が、ユーザーの質問に対して実名で回答してくれるのがジーフーで、この点で匿名の「Yahoo!　知恵袋」などとは大きく異なります。

ただし、専門家が答えるといっても、仰々しいものではなく、いま、自分が身近に困っていることを気楽に聞くことができます。

Yahoo!　知恵袋
ヤフー株式会社が運営するＱ＆Ａコミュニティサービス。２００４年にベータ版としてサービス開始。

教えて！　goo
エヌ・ティ・ティレゾナント株式会社が運営するＱ＆Ａコミュニティサービス。２０００年サービス開始。

ニューズピックス
株式会社ニューズピックスが運営するソーシャル型オンライン経済メディア。国内外の厳選された経済ニュースやオリジナル記事・動画コンテンツに各界の有識者・専門家などのコメント・解説を加えて読者に提供している。２０１５年サービス開始。

２０１１年のサービス開始以来、科学技術からビジネス、映画・テレビ、ファッション、文化まで、さまざまなジャンルを網羅した知識共有コミュニティプラットフォームとして、ジーフーは着実にユーザーを増やしていきました。

ＭＡＵ（月間アクティブユーザー数）は１億１２０万人、有料会員数は５５０万人に上ります（２０２１年９月現在）。回答総数は実に２億４０００万件を超え、いまや中国でもっとも信頼を集めるＱ＆Ａサイトの地位を確立しています。

ユーザーと専門家のフラットな交流がプラットフォームを発展させる

加えて、ジーフーのユニークなポイントは③「**ユーザーと専門家、およびユーザー同士が交流するコミュニティ機能**」にあります。これが「Ｗｉｎの４乗ループ」にあたります。**専門家がユーザーの質問に対して一方的に回答するだけでなく、ユーザーも自由にコメントし、専門家と、あるいはユーザー間で交流できる**仕組みがあるのです。

たとえば、「いま、日本で買うべきサプリメントは？」という質問に対して、専門家が

Aというサプリメントを薦めるとします。しかし、その専門家も常に最新の情報をキャッチしているとはかぎりません。そこで、「このBというサプリも、先日、日本のドラッグストアで買いました」「Cというサプリも人気みたいですよ！」など、ユーザーがコメントで回答を補強する動きが見られます。

また、ユーザーからの質問に専門家が回答すると、別のユーザーが「こういうケースについてはどう思いますか？」「こういう見方もあるのではないでしょうか？」などと話題を広げたり、指摘を与えることがあります。そういった鋭い指摘や質問に対してはユーザーから「いいね！」がもらえます。

専門家自身も、間違いや詰めの甘さを指摘されてムッとするかというとそんなことはなく、むしろ「気づかなかった視点を与えてくれてありがとう」という感謝のコメントを返します。

こうして、専門家とユーザー、ユーザー同士の交流がどんどん深まり、やがてオンライン上でのサークル活動や勉強会へと発展していきます。

さらには、有料コラム、ライブ配信、書店、ショートムービーなど、コンテンツがさまざまな形で広がっています。

その点では、日本でいうオンラインサロンに近いかもしれません。ただ、カリスマ的な著名人が主宰するオンラインサロンとは異なり、専門家とユーザーとの関係はきわめてオープンでフラットです。

したがって、オンラインサロンにありがちな排他的、閉鎖的な雰囲気ではなく、フレンドリーな雰囲気がうまく醸成されています。

「私の課題を解決してくれる先生が、いまの私にとってベストな先生」

このように、たんなるＱ＆Ａサイトの枠を超えて、ユーザーが自由に交流するコミュニティプラットフォームへと発展を遂げたジーフーですが、そのコンセプトはきわめてシンプル。

「ユーザーの『知りたい』欲求に対して、ベストアンサーをすばやく届ける」という一点に特化しています。

そして、その**コンセプトの実現に向け、専門家だけでなくユーザーも協力しながらベストアンサーをつくり上げていきます。**この点に、専門家とユーザーとの「共犯関係」を見てとることができます。

そして、ここでも**「教える側」と「教えられる側」の境界が、いい意味で明確ではありません。**

だから、いい質問や鋭い指摘をするユーザーにどんどん「いいね！」とポイントがたまり、気づいたら専門家の側に回っていた、という事例も少なくありません。ユーザーがいつのまにか情報を提供する側に回るという現象はタオバオライブやソーヤングとも共通しています。

また、ひとりのオーソリティーの回答や意見を絶対視するのではなく、「みんなの支持を集めた答えが正解」といったコンセンサスがあり、きわめて民主的なプラットフォーム運営が実現しています。

この点で比較してみたいケースが「ダーダオ（得到）」という音声学習アプリです。

ダーダオは、ビジネス書や専門家の電子書籍を要約して10分で聴くことのできる音声コンテンツサービスです。学習意欲の旺盛なユーザーの支持を得て、一時は大きく成長しました。ところが、ジーフーとくらべると近年では少し成長に陰りが見られます。

その理由はいくつか考えられますが、そのひとつに「オーソリティーに対するニーズの低下」があるのでは、と私は推察しています。

ダーダオ（得到／dedao）
中国の音声コンテンツサービス。

ダーダオは、基本的にプラットフォームを運営する側が選定した専門家が音声コンテンツの形で知識を提供します。いずれも高名な、そのジャンルの第一人者ばかりなのですが、彼らが徐々に高齢化していく中で、ユーザー側が知りたいニーズとの間に乖離が生じてしまいました。

ユーザーの中にも「この人から勉強することに果たして意味があるのだろうか？」という疑心暗鬼が生まれ、それがユーザー離れにつながっていると私は見ています。

対して、ジーフーの場合は**専門家とユーザーとの距離が近い**ところに、ダーダオとの違いがあります。

どんなに有名で、その分野のオーソリティーであっても、何の役に立つかわからない知識を提供されるよりも、いま、自分が疑問に思っていることに対して一生懸命答えてくれる人のほうにユーザーはシンパシーを感じるものです。

「**私の課題を解決してくれる先生が、いまの私にとってベストな先生**」というユーザーの価値観が、ジーフーの成長ドライバーになっているのです。

ケースから見える「Ｗｉｎの４乗ループ」の特徴

特徴 1

「Ｗｉｎの４乗ループ」の好循環

タオバオライブ、ソーヤング、ジーフーの３つのケースに共通して見られるのは、**売り手（企業）、買い手（ユーザー）、インフルエンサー（専門家）、そしてプラットフォームの４者それぞれの「Ｗｉｎ」のループがかみ合い、相互に高め合う「Ｗｉｎの４乗」ともいえる好循環のループ**です。

ソーヤングの例で説明すると、「売り手」である美容医療クリニックと「買い手」であるユーザーとの間に「インフルエンサー」が入り、第三者の立場からリアルな体験談を提供します。

ユーザーは正確なレビューと情報を得られ、クリニックの選択を最適化することができます。同時に、評判のいいクリニックには大きな集客メリットがもたらされるので、好都合です。

そして、インフルエンサーにとってもユーザーからの評価と信用を得て、さらに多くのフォロワーを獲得できるメリットがあります。

これらの売り手・買い手・インフルエンサーの３者に加え、プラットフォームを運営するソーヤングもさらに多くの顧客（クリニック・ユーザー）と広告収入を獲得することができます。

このように、「Ｗｉｎの４乗ループ」のエンジンが相互に駆動しながら、プラットフォームの価値を高めているのです。

特徴2 「信用の担保」が低価格化・高収益化を実現

タオバオライブやソーヤングのケースでは、インフルエンサーとユーザーの「共犯関係」によって情報の信頼度を高めていくことが、結果として商品やサービスの低価格化・高収益化を実現しています。

これには2つの側面があります。ひとつは、「**販売コストの削減**」です。

タオバオライブでは、従来「1：1」で物件を顧客に紹介・説明していたのが、ライブコマースによって「1：n」の接客が実現し、接客プロセスの効率化が図られています。

さらに、ユーザーとのやりとりによってその場で疑問点が明らかにされるので、売り手と買い手との情報格差が解消され、説明に要していた時間やコストを大幅に削減することができています。

また、ソーヤングでも、もともと広告のコストパフォーマンスが悪いとされる美容医療のジャンルにおいて、ユーザー同士で体験談をシェアし合うことで、広告以上の信頼度の高い情報を提供し、美容医療クリニックに顧客獲得コストの大幅削減をもたらしています。

もうひとつの側面は「**情報のマネタイズ**」による収益獲得です。

とりわけソーヤングのケースでは、美容整形を体験したユーザーが自身の体験を投稿することで、施術費用がゼロ（ときにはプラス）になるほどの大幅なキャッシュバックを得ることができます。

これはプラットフォーム側が、その情報に大きな価値を見出し、情報を「買っている」からです。

ユーザーが本当に知りたい情報には、施術中の痛みやダウンタイム（手術後の回復期間の状況）、施術後のケアなども含め実際にかかった総費用などがあります。これらは、美容整形クリニック側としては情報の出しにくい分野であり、その情報をユーザーが代弁する形で、情報の不足を補っているのです。

不動産や美容医療など「情報の非対称性」の生じやすいジャンルにおいては、情報格差を解消するための説明やエビデンスの提供、広告などに多大なコストがかかるものです。

しかし、**タオバオライブやソーヤングのようなプラットフォームでは、インフルエンサーとユーザーの「共犯関係」によってこれらのコストを大幅に圧縮し、さらに情報そのものが価値を生むことで、売り手・買い手・インフルエンサーの3者それぞれに経済的なメリットをもたらしている**点が興味深いです。

特徴3 「遠くのオーソリティー」より「隣のインフルエンサー」

ソーヤングやジーフーのケースでは、インフルエンサー(専門家)とユーザーとのフラットな関係が、双方向での活発なコミュニケーションを生んでいます。

あるジャンルに精通したオーソリティーから一方的に知識を得る「上下」の関係とはそもそものコミュニケーション構造が異なります。

必ずしも高名な専門家でなくても、ユーザーの悩みや疑問に寄り添い、一生懸命答えようとする姿勢がユーザーの共感・支持を集めています。それによって「共犯関係」がさらに強化され、ユーザーにとって有益な情報をもたらします。

「遠くのオーソリティー」より「隣のインフルエンサー（専門家）」を支持するユーザーの価値観によって、民主的なプラットフォーム運営が実現しています。

本書のテーマである「テック企業」という文脈でいうと、第１章でもお話ししたように企業側が表に出ず、プラットフォームの「管理人」に徹していることも、民主的なプラットフォーム運営を実現しているポイントといえるでしょう。

第3章

「五感を刺激する」買い物体験で購買意欲を加速させている

KEYWORD

動画ファースト

「ほしい！」から「購入」までの流れを止めない

あなたは自宅のホームシアターで、ネットフリックスの映画を鑑賞しています。すると、あるシーンで登場人物の部屋にあるソファに目が留まりました。

「あ、このソファいいな。ちょうどそろそろ買い替えたいと思ってたんだよな……」

そう思ったあなたがスマートフォンを取り出して映像にかざすと、そこに埋め込まれたタグが画面にあらわれました。それをクリックし、映画に登場したソファの購入サイトに移動したら、価格を確認し、その場で購入のボタンをタップ。明日には自宅に届けられます。あなたは「いい買い物ができた」と満足して、再び映画鑑賞に戻りました――。

こんな未来が、もうすぐ現実になろうとしています。

いま、映画の中に登場する商品を画像認識ＡＩによって自動的にタグづけし、映画を観ながらその場で購入できるようにする実証実験が、ある中国テック企業のもとで進められています。

ネットフリックス
米ネットフリックス社が運営する配信登録制のストリーミングサービス。有料会員数は全世界で2億2300万人を超える（2022年9月末現在）。

認知から購買にいたる一連の消費行動において、少しでもフリクション（引っかかり）が生じると、今日の消費者は「購入」のボタンを押してくれません。

みなさんにも、少し読み込み時間があっただけなのに、急に買う気が失せてしまったという経験があるのではないでしょうか。

その傾向は、とりわけ「Z世代」と呼ばれる若者世代に顕著に見られます。何度もスクロールしないと「購入」ボタンにたどり着かないサイトなど、すぐに離脱してしまいます。彼らは日々、大量のコンテンツに接しながら、「いいな！」「ほしい！」と心が動いたら、その場ですぐ購入したい欲求を持っています。LTV獲得の観点からも、「**流れ**」を止め**ない買い物体験をいかに提供できるかが、今日のマーケティングにおける勝負の分かれ目**となっています。

「15分」のYouTubeより「15秒」のTikTok

常にストレスのない、シームレスな購入の機会を提供するために、世界のテック企業はどうしているのでしょうか？

これから具体的なケースとともに見ていきますが、キーワードは「**動画ファースト**」です。

Z世代
1990年代半ば～2000年代終盤に生まれた若手世代。

LTV(Life Time Value)
顧客生涯価値。マーケティング用語で、ひとりの顧客が生涯にわたって企業にもたらす価値を指す。

世界のコミュニケーションは、言語を中心としたものから動画による非言語コミュニケーションへとシフトしています。5Gや、高機能カメラつきスマートフォンの登場で、いまでは誰でも高機能の動画を撮り、インターネット上に投稿できる時代になったことが背景にあります。

言語コミュニケーションと異なり、**動画のような非言語のコミュニケーションは、直感で瞬時に受け取ることができます。**

この動画コミュニケーションの広がりに加え、決済機能や配送機能が世界各地で整備されたことで、「動画×ＥＣ」のプラットフォームが国境を越えて成長しています。世界が言語の壁を越えて「動画＝非言語」でつながる時代、**「動画コミュニケーションを制する企業が世界のマーケットを制する」**といってもよいでしょう。

その「動画ファースト」時代のトップランナーは、日本でもおなじみの「TikTok」です。若者世代はわずかなすき間時間を見つけてはTikTokのアプリを開き、15秒ほどのショート動画を「呼吸」するように視聴しています。本国の中国ではＥＣ事業も展開しており、ふと目にした商品の動画や、人気ライバーのライブ配信を見ながら、買い物体験を楽しんでいます。

5G
第5世代移動通信システム。

彼らにとっては、もはや15分のYouTube動画すら苦痛でしかありません。15秒の間に、彼らの琴線に触れるようなメッセージを届けられるかどうかが「流れ」を止めない買い物体験の成否を分けるのです。

動画ファーストを導入している世界最先端のテック企業

1

TikTok〈中国名:ドウイン(抖音)〉

「ショート動画×EC」で世界を席巻する巨大ユニコーン

世界中の「Z世代」の支持でSNS市場の新たな旗手に

2022年3月、アメリカの調査会社「CB Insights」は、評価額が10億ドルを超える未上場スタートアップ企業「ユニコーン」の最新ランキングを公表しました。[ii]

そこで、アメリカの宇宙開発企業「スペースX」などを抑えて堂々の1位となったのが、

TikTok(中国名:抖音 Douyin/ドウイン)
「抖音有限公(ByteDance)」が運営するSNS。海外では「TikTok」のブランドで展開。2016年サービス開始。

スペースX
アメリカの航空宇宙メーカー。2002年に起業家イーロン・マスクが創業。2008年に民間企業として初めて液体燃料ロケットを軌道飛行させた。

TikTokを運営する「バイトダンス（字節跳動／ByteDance）」です。

そんな巨大ユニコーンの一挙手一投足に世界中が「いつ上場するのか」と注目しています。

TikTokの全世界でのＤＡＵ（日間アクティブユーザー数）は６億人、ＭＡＵは10億人（２０２１年９月現在）。平均再生時間とダウンロード数はともにＳＮＳで世界１位となっています。

また、広告収入もケタ違いです。米調査会社「インサイダー・インテリジェンス」の報告[iii]によると、TikTokの２０２２年の広告収入は、前年の３倍にあたる約１２０億ドル（約１兆５０００億円）に達し、ツイッターとSnapchatの合計を上回る見通しとなっています。

さらに、２０２４年にはYouTubeを超える

［図3-1］ TikTokはSNSで世界一のダウンロード数

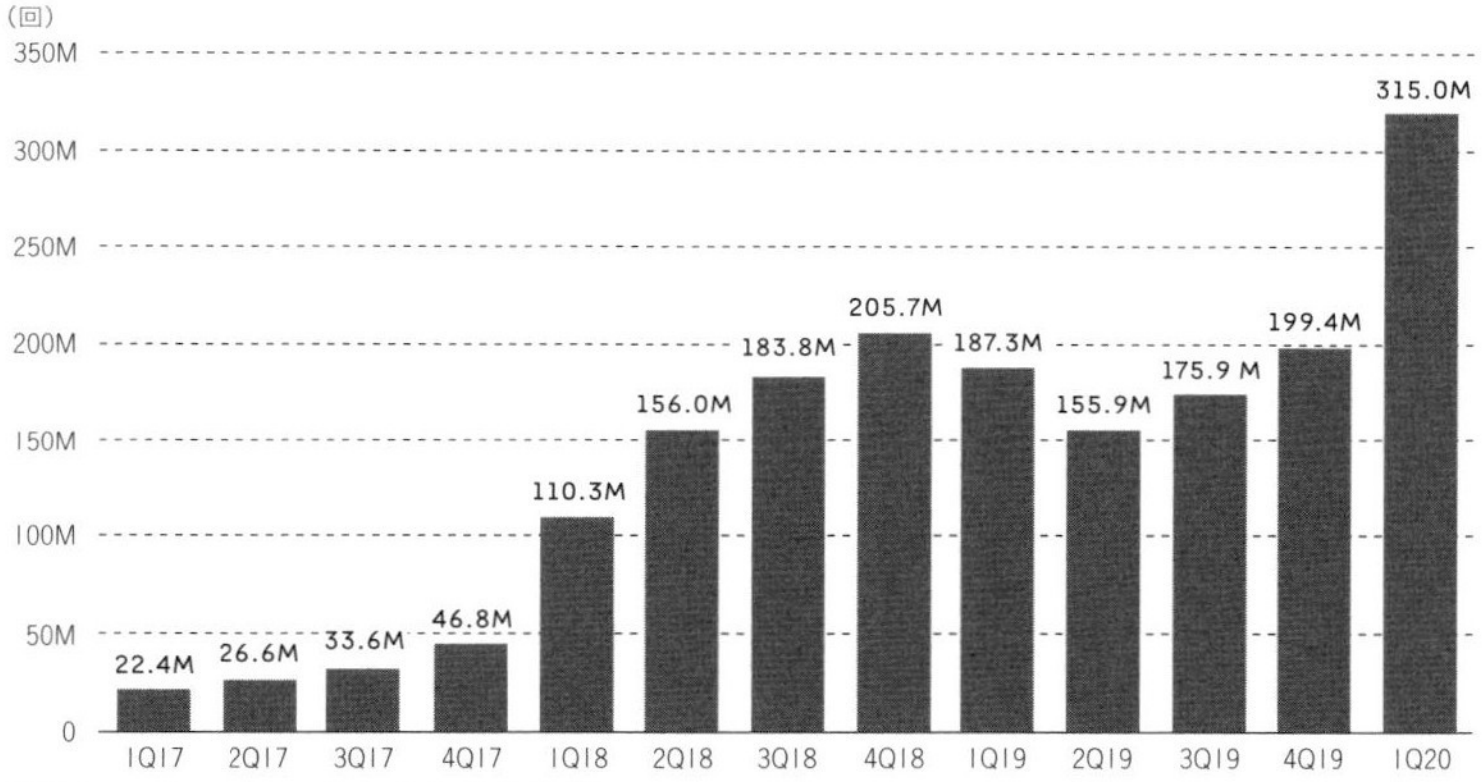

出所：sensortower.comをもとに著者作成

とも予測されています。長年SNS市場に君臨していたFacebookがユーザー離れの傾向を示す中で、世代交代の旗手として着実に存在感を増しています。

そのTikTokのメインユーザーは、「Z世代」と呼ばれる若手世代。世界人口の約3分の1を占める彼らはスマホネイティブであり、PCよりもスマートフォンを活用して日常的に情報収集や買い物を行っています。

今後のマーケットを動かす主役である彼らのハートをつかんだTikTok。冒頭のケタ違いの評価額がつくのも頷けます。

ユーザーファーストの姿勢が「TikTok売れ」を生む

大量にあふれるショート動画が延々と流れるTikTok。じつは、**今日ではマーケティングの観点からも、若者世代の消費動向を左右するメディアとして注目を集めています。**現に、TikTokを起点に次のようなヒットが生まれています。

- １９８９年に作家の筒井康隆氏が発表した小説『残像に口紅を』が突如、アマゾンのランキングで一時9位に浮上。1か月で8万5000部の重版に。

- 地球儀の形をしたお菓子「地球グミ」が、ハッシュタグ「#地球グミ」約5億再生で品切れ状態に。類似商品の「ラムネ餅」にも波及して大ヒットに。
- 大阪府の不動産会社が広告費削減を目的にTikTokで物件紹介の動画投稿をはじめたところ、月に100件もの問い合わせ、60件の契約を実現。

過去に発表した小説や、メーカーが広告宣伝に力を入れていない定番商品が突如大ヒットするこれらの現象は「TikTok売れ」といわれ、『日経トレンディ』の「2021年ヒット商品ベスト30」特集でも「TikTok売れ」のワードが1位になりました。

いまの若者世代は、ほしいものの検索にグーグルなどの検索エンジンではなく、TikTokを使っています。「ググる」ならぬ「Tokる（トクる）」という言葉も生まれているほどです。

このようになぜ、TikTokが若者世代のトレンドの「震源地」となっているのでしょうか？

理由のひとつとして、**ユーザーが楽しく動画を投稿できるようなユーザーファーストのプラットフォーム設計**が挙げられます。

TikTokの公式楽曲はJASRACとパートナーシップを締結しており、ユーザーは無料で使用することができます。TikTokからヒット曲が生まれることも珍しくありません。

また、いわゆる「盛れる」フィルター機能が充実しており、ユーザーは思い思いに動画を加工して投稿を楽しんでいます。

第1章で紹介したカラオケアプリ「チャンバ」にも通じますが、スマホひとつで思い思いの投稿を楽しめる「エンターテイメント性」やフォロワーがつくことで自己肯定感が上がるような仕組みが、多様な動画コンテンツを生み、流行を創りだしているといえます。

「商品が人を探す」独自のアルゴリズム

もうひとつ、TikTokが若者世代のトレンドの起点となっている理由を挙げると、**ユーザーが自ら商品を検索するだけでなく、「商品がユーザーを探す」ともいえる独自のアルゴリズム**にあります。

「ユーザー自身が本当にほしいものを知っているとはかぎらない」との考えから、AIのアルゴリズムによって、ユーザーごとに最適化されたレコメンド動画が流れるようになっています。そのことで、自然と「商品からユーザーに問いかける」かのような体験を提供しているのです。

ユーザーにとっても、大量のコンテンツの中からお気に入りを選択するストレスを軽減できるので、必然的にアプリの滞在時間も延びます。

こうして大量のデータが蓄積され、さらにアルゴリズムの精度が高まるというＥＸの「必勝パターン」を、TikTokもまた実践しているのです。

一方、YouTubeなどの動画プラットフォームでは、チャンネル登録と「いいね」により自分で出会いを選択していきます。この仕組みによって興味分野は深掘りできるものの、セレンディピティは起きにくく、刺激の量は減っているのです。

「偶然の出会い」から購入につなげる超巨大ＥＣ

そのTikTokですが、本国の中国では**「ＥＣ」としての顔**も持っています。

中国では「ドウイン（抖音）」という名称で普及しています（TikTokのマークが「d」なのはそこから来ています）が、２０２０年から、ショート動画とＥＣを融合した事業「ドウインＥＣ（抖音電商）」を展開しています。

ドウインＥＣでも、レッドと同様、主流はライブコマースです。「ライバー」と呼ばれるライブ配信クリエイターが次々に商品を紹介し、ワンストップで購入できます。

大量のショート動画で商品を露出させて「偶然の出会い」を演出し、人気ライバーのライブコマースで確実にコンバージョン（成約）を集める――ショート動画とＥＣの強力なタッグで、ドウインＥＣは急成長しています。

セレンディピティ
(serendipity)
もともとは探していなかった、けれども素晴らしいものを予想外に発見すること。

詳しい数字は公表されていませんが、一部報道[iv]では「２０２１年のＧＭＶは８０００億元（15兆２０００億円）を超えている」とも伝えられています。

若者世代の趣味嗜好やトレンドは日々変化し、かつ、次に何が流行るのかも予測がつきません。

商品の「認知」から「購入」にいたる従来のマーケティングファネルは「時代遅れ」になりつつあります。

ユーザーが楽しんで視聴する動画そのものがマーケティングとして働き、そのまま一連の「流れ」で商品を購入する。まさに「動画ファースト」の購買体験をTikTokは提供しているのです。

［図3-2］TikTokはECとしての顔も持つ

出所：抖音

マーケティングファネル(marketing funnel)
ファネルとは「漏斗（ろうと）・じょうご」のこと。「認知→興味・関心→比較・検討→購入」の一連の購買行動を逆三角形のファネルに見立てた図で表したもの。

動画ファーストを導入している世界最先端のテック企業

2

クアイショウ（快手）

不動産から人材採用までライブコマースで！「信用」と「エンタメ性」が新たな消費体験を生む

クアイショウ（快手／Kuaishou）
「北京快手科技有限公司（Kuaishou Technology）」が運営するECプラットフォーム。2011年サービス開始。

ドウインの最大のライバル

中国の「ショート動画×EC」市場で、ドウイン（TikTok）を猛追するライバルがいます。それが「クアイショウ」です。

クアイショウは、ドウインとはまた一味違った「動画ファースト」の形を実現しています。

ドウインのDAUが約6億人に対し、クアイショウは約3・2億人（2021年12月時点）。やや水をあけられているように見えますが、それでも中国全人口の約4分の1、日本の人口の約2・5倍ものユーザー数なのだから驚異的です。

一方、ECプラットフォームとして両者を比較すると、ドウインECのGMVは一部報道によると8000億元超（15兆2000億円）。対して、クアイショウのGMVは6800億元（12兆9200億円）と、ドウインECに迫る勢いです（いずれも2021年）。

このように数字の面でも、ドウインとクアイショウは「ショート動画×EC」の新興テック企業としてライバル関係にあり、何かと比較対象にされています。そのビジネスモデルは非常に似ていますが、大きく2つの点で違いがあります。

ひとつは、**ユーザー層の違い**です。日本で展開するTikTokもそうですが、ドウインは女性ユーザーが比較的多く、都市部の若者世代が中心です。一方のクアイショウは、**地方都市のユーザーが多く、一般人の日常を切り取ったようなリアリティのある動画**が並んでいます。

もうひとつは、両者の設計思想の違いにあります。

前述したように、ドウインはユーザーの行動・閲覧履歴からコンテンツや商品との出会い・発見を演出する「アルゴリズム型」の配信モデルです。

対して、クアイショウは**コミュニティにおけるユーザー同士の関係を重視した「サブスクリプション型」の配信モデル**になっています。

レッドもそうですが、このモデルはインフルエンサーとフォロワーとのエンゲージメントを築きやすく、結果としてライブコマースとの相性がよいため、ドウインに迫るだけの

サブスクリプション(subscription)
「定期購読・購入」の意味で、顧客が定額料金を支払って商品やサービスを購入するビジネスモデル。

巨額のGMVを生んでいます。

ドウインのようなアルゴリズム配信は、潜在的なニーズを喚起しやすいメリットがある一方でユーザー同士のエンゲージメントを築きにくいデメリットが指摘されています。

不動産、人材採用のライブコマースに注力

このように、ライブコマースに一定の強みを持つクアイショウでは、ありとあらゆる商材がライブ配信を通じて販売されています。

とりわけ目を引くのが、**不動産や中古車といった高額商品**までもライブコマースで販売していることです。第2章でタオバオライブをご紹介しましたが、クアイショウもまた、高額商品のライブコマースを強みとしています。


たとえば、不動産販売を専門とするライバーが、ある中古マンション物件をライブ配信で紹介します。

それを、1万人のユーザーが同時に視聴しています。その中には不動産鑑定士のようなプロもいて「その部屋の裏側は、じつは汚れているのでは？」などとコメントで指摘を入れます。

すると、ライバーはすかさず「いえ、そんなことはありませんよ」と実際にカメラを向けてその部屋の裏側を撮影します。

それを見て、視聴しているユーザーも納得します。そうしていくうちに、ひとりのユーザーが購入を申し出て、めでたく成約。ライブは終了します。

中国テック・スタートアップ専門メディア、36KrJapanの報道によると、2022年5月の連休期間中にはクアイショウのライバー200人以上がライブ配信で物件を紹介し、最終的に約30件が成約にいたったとされています。

不動産などストック資産への投資意欲が強い中国において、クアイショウではこの不動産のライブコマースに力を入れており、不動産仲介業者、不動産コンサルタントなど専門知識を備えた契約ライバーを多数抱えています。

もうひとつ、クアイショウが力を入れているのが「**人材採用**」です。地方都市のブルーカラーのユーザー層が多い特性を活かし、2022年2月、工場勤務などブルーカラー層に特化した人材採用機能「快招工」をアプリ内のライブ配信ページに追加しました。

履歴書を提出する必要がなく、連絡先を記録するだけでエントリー完了できるという簡便さが受け、エントリー数や採用者数の増加につながっています。

偶然、動画で知り合った仲間同士が、「私はあなたとなら是非一緒に働きたい」と思えるまでにコミュニケーションを深め、人材採用するという、集めた人材の中から誰かを選ぶ従来の採用とはまったく違う、新しい発想で高い採用率を実現しています。

ライブ配信による「信用」と「エンタメ性」

不動産に人材採用と、一見、ライブコマースとかけ離れているような商材がなぜ人気なのでしょうか？

それは、**ライブ配信だからごまかしがきかないため、結果としてユーザーの信用を得られやすい**からです。

第2章でもご説明したように、ライブコマースでは疑問に思った点もその場で明らかにしていき、買い手であるユーザーも信頼度の高い情報を得ることができます。同時に、これまで売り手側がかけていた労力と時間が大きく軽減され、成約までのスピード化を図ることができるのです。結果、お互いに満足度の高い形で取引が成立しています。

また、人材採用においても、ライブ配信によってその会社の雰囲気やカルチャーを垣間見られることが、信用の担保につながっています。SNSならではのユーザー同士のつながりから採用に結びつくといったリファラル（紹介）採用の側面もあります。

加えて、第1章の「EX」にも通じますが、**ライブ配信によって不動産取引を「エンターテイメント」として見せているのも、成約率を高めるポイント**です。

ディベロッパーと提携して「1時間ごとに10万円値下げの逆オークション」「タイムセール」なども入れながら、「1億円の物件をひとりに売る」過程を「ショー」として演出しています。

「ショー」に参加しているので、自分がいいなと思った商品が、ほかのたくさんの人たちにも「いいね」といわれているのがわかります。不動産の場合だと商品は世界にひとつしかありませんから、いざ買う直前で他人に買われてしまったときの後悔は想像に難くありません。

また、買った人は後ろに並ぶキャンセル待ちやチャットを見て、「自分は良い買い物をした」と、満足感や安心感を得ることができます。

このように、**動画による直感的なコミュニケーションに加え、ライブならではの「信用」と「エンタメ性」**が相まって、高額商品についても「流れ」を止めない買い物体験が生まれています。

動画ファーストを導入している世界最先端のテック企業

3

シマラヤ（喜馬拉雅）

「ながら消費」のマーケットを制した音声コンテンツプラットフォーム

月に300冊のビジネス書を「浴びる」、新たな音声コンテンツ

ドウイン、クアイショウと「ショート動画×EC」のケースを見てきましたが、3つめは視点を変えて**「音声」に着目したケース**を紹介します。音声コンテンツは動画ではありませんが、根本的な発想は「動画ファースト」と同じです。

今日ではインターネット上に膨大な量のコンテンツがあふれ、まさに可処分時間の奪い合いといった様相を呈しています。

その中で、TikTokのように15秒ほどのショート動画を大量に視聴するのが若者世代に

シマラヤ（喜馬拉雅／Ximalaya）
「上海証大喜馬拉雅網絡科技有限公司」が運営する音声コンテンツプラットフォーム。2012年サービス開始。年間売上は約1120億円（2021年）。

特徴的な消費体験となっているのはお話ししたとおりです。

音声についても、Spotifyのようなサブスクリプションの音楽サービスで最新の曲を次々に聴くのが、もはや若者世代の「常識」になっています。

その中で、彼らは、**「すき間時間」でコンテンツを消費するだけでは飽き足らず、コンテンツの上に別のコンテンツを「上乗せ」するような消費体験**を生み出しています。

その代表例として紹介するのが「シマラヤ」です。

シマラヤは、中国で最大規模のユーザー数を誇る音声コンテンツのプラットフォームです。アプリのダウンロード数は6億を超え、MAUは2億6200万人に上っています（2021年上半期）。

シマラヤのアプリを開くと、1億を超える音声コンテンツが日々配信されており、小説、ビジネス書、実用書などのオーディオブックから英会話、ラジオドラマまで300を超えるカテゴリーから選ぶことができます。

第2章で取り上げた「ダーダオ」に近いサービスを提供していますが、ダーダオとは違いシマラヤは成長を続けています。その理由は、コンテンツ設計の違いにあります。

中国の若いビジネスパーソンの間では、仕事の合間や移動時間などのすき間時間に大量

Spotify
スウェーデンのスポティファイ・テクノロジー社が運営する音楽ストリーミングサービス。MAUは全世界で4億5600万人（2022年9月末現在）。

の音声コンテンツを聴くことが習慣化しています。

私の知人の中国人に聞いても「月に300冊くらいは聴いていますね」とケロッと答えます。彼は**「本を『浴びる』」**と表現していました。

なぜ月に300冊も「浴びる」ことができるのでしょう?

それは、ここでもTikTokなどと同様、短時間で消費できるサイズのコンテンツ設計にしているからです。

「3分でおぼえる英会話」「5分で学ぶ経済学」などの**ショートコンテンツにすることで、すき間時間に採り入れやすくなると同時に、購買のハードルも下げています**。ビジネス書も10分の1程度のボリュームに要約されており、短い時間で効率よくインプットすることができます。

ざっくり聴いてみて、興味がわいたら本を買って全部読んでください、という仕組みで、聴いてすぐに購入できるようになっています。結果的に、本に対するユーザーの満足度も高まっており、ユーザーと著者がウィンウィンになっています。

さらにユニークなのは、**1冊のビジネス書について、異なる編集者による複数の要約を提供していること**。編集者ごとに人気が違い、同じ書籍の要約でも編集者によって価格が異なります。

YouTubeでも、人気ユーチューバーや評論家などの動画を切り取って5分程度に編集した「切り抜き動画」がありますが、イメージとしてはそれに近いかもしれません。

わかりやすく要約してくれる編集者、有益なニュースを提供してくれるパーソナリティ、心地よい声でナレーションしてくれる声優には高い評価が集まり、コンテンツの価値が高まるのです。

可処分時間に「上乗せ」する消費体験

中国の若者世代は、いつでもどこでもシマラヤのアプリを開き、車や電車での移動中から、ランニング中、仕事の合間、就寝前にいたるまで、**ありとあらゆるシーンで音声コンテンツを「ながら消費」しています。**

さらに、彼らは、もはやすき間時間は埋め尽くしてしまい、ドウインなどの動画コンテンツとシマラヤの音声コンテンツを同時に「ながら消費」しています。

スマートフォンやタブレットを２つ持ち、片方ではドウインのアプリを開き、もう片方にはイヤホンをつないでシマラヤの音声コンテンツを聴いているのです。

この、**可処分時間に「上乗せ」するような消費体験もまた、「流れ」を止めない買い物**

体験ということができます。

もうひとつ、シマラヤが若者世代の支持を集めている理由は、**コンテンツの更新がとにかく速い**ことにあります。

シマラヤの場合は「新しいものをとにかく聴きたい」ユーザーのニーズに応えるために最新のコンテンツを日々リリースしています。

日本でもポッドキャストは一定の人気がありますが、ポッドキャストはどちらかというとコンテンツを「溜める」イメージがあり、過去のバックナンバーを聴くこともよくあります。同じ音声コンテンツプラットフォームでも、ポッドキャストは「ストック型」、シマラヤは「フロー型」と対比できるかもしれません。

TikTokにも共通しますが、「フロー型」のほうが最新のトレンドを求める若者世代の消費性向にマッチしているのです。

ケースから見える
「動画ファースト」の特徴

特徴
1
五感に訴えるコミュニケーション

「流れ」を止めない買い物体験を提供している企業の特徴は、大きく3点に整理されます。

近年、**マーケティングにおいて、冗長な文字の説明は、以前ほどの効果を発揮できなくなりました。**そうした傾向に合わせ、文字を使わない、直感的な手法を用いたマーケティングが求められています。

中国では、ショート動画にEC機能を組み合わせた、「動画」という目に訴えるコミュニケーションを利用したプラットフォームが急成長しています。

TikTokでは、15秒程度の動画を何度も再生することで、ユーザーの「脳内シェア」を高め、巨大なEC市場を開拓しました。クアイショウでは、エンターテイメント性の高いライブ配信によって不動産や人材採用など高額商材の新たな消費体験を生み出しています。

「音声」もまた、人々の五感に訴えるコミュニケーションのひとつです。

時間をかけて1冊の本を読むのではなく、短時間に要約された音声コンテンツを大量に「浴びる」シマラヤのようなサービスが急成長しています。

このように、マーケティングにおける消費者とのコミュニケーションは、五感に訴える非言語コミュニケーションが主流になっています。

特徴2 若者世代の趣味・嗜好の変化スピードに対応

スマートフォンの普及にともない、若者世代を中心に、**趣味・嗜好の変化スピードが格段に速くなっています。**

「流れ」を止めない買い物体験を提供するためには、そのスピード感にうまくマッチさせたマーケティング戦略をとる必要があります。

その点で、従来のマーケティング戦略とはまったく異なるアプローチをしているのが

TikTokの事例です。AIのアルゴリズムによって、個々のユーザーに最適化されたショート動画をレコメンドすることで、好きなコンテンツやほしい商品を自然に「発見」できる喜びを提供しています。

「TikTok売れ」現象に顕著に見られるように、企業側が机上でマーケティング戦略を練る時代ではもはやなくなっています。

答えはユーザーの中にあり、その答えをユーザーの行動から導くことのできる企業、ユーザーにマーケティングを委ねている企業が、若者世代のシェアを獲得しているのです。

シマラヤも、中国で数ある音声コンテンツ市場の「覇者」になれたのは、若者世代のニーズに応えるために日々大量の音声コンテンツを更新し続けているからです。加えて、短時間のコンテンツ設計にすることで購入のハードルを下げていることもポイントといえます。

特徴3 「ながら消費」「上乗せ消費」に対応したコンテンツ設計

「流れ」を止めない買い物体験に適したコンテンツは、動画も音声も非常に短いです。そうすることで、**すき間時間に取り入れやすく、かつ、異なるコンテンツを同時に視聴するような消費体験にもマッチ**しています。

TikTokは15秒ほどのショート動画が中心で、日常のあらゆる場面で、すき間時間に気軽に視聴することができます。シマラヤも10分の1程度に要約したビジネス書のコンテンツや「3分で英会話」などの「ひと口サイズ」とすることで、大量の音声コンテンツを「浴びる」ように聴くことができます。

こうして、若者世代は可処分時間をすき間なくコンテンツで埋めているのです。

さらに、若者世代は、すき間のない可処分時間にさらに「上乗せ」しながら複数のコンテンツを楽しむ傾向にあります。

TikTokで15秒ほどのショート動画を見ながら、シマラヤの音声コンテンツを楽しむのはその一例です。その点でも、直感的なコンテンツのほうが「上乗せ」しやすいのかもしれません。

第4章

24時間365日、需要と供給の出会いを生み出し続けている

KEYWORD

「空白」をつくらないマッチングシステム

あなたの一日はマッチングの機会で満たされるようになる

週の終わりの金曜日。あなたは仕事帰りに、居酒屋に立ち寄ってお酒を楽しんでいます。ふと時計を見ると、夜の21時を回っていました。

「締めにラーメン屋にでも立ち寄ろうかな……」

そう思ったそのとき、あなたのスマートフォンに1通のプッシュ通知が入りました。

「22時からタイムセールやります。ラーメン1杯９００円が４５０円に！」

そのラーメン店を調べてみると、最近オープンしたばかりのお店で、徒歩で数分の場所にあるようです。ジャンルもあなたの好みにマッチしています。しかも半額となれば、行かない理由が見当たりません。

あなたはお酒をもう1杯注文し、22時まで待つことにしました——。

まるで、「飲んだあとは締めのラーメンを食べる」というあなたの消費行動をスマートフォンが見透かしているかのような内容とタイミングのプッシュ通知です。でも、本当にそれが「見透かされている」としたら……すごいことですよね？

テック企業の最前線では、こんなSFのような世界が実現しています。

中国の最大手グルメサイト「メイトゥアン」では、ユーザーの属性、過去の注文履歴、店舗に対する評価など、さまざまなユーザーデータを取得しています。これらのデータをもとに、個々のユーザーにカスタマイズされた内容、タイミングのプッシュ通知を送っているのです。

ラーメン店の側も、じつは「まだオープンしたばかりで、22時以降の来客が少ない」という悩みを抱えています。メイトゥアンのようなプラットフォーマーは、店の側にも「この時間にはこういうユーザーにタイムセールをかけるといいですよ」と裏でプッシュ通知を送っています。

こうして、**消費者であるあなたのニーズと、来客を増やしたいお店側のニーズが、双方のプッシュ通知によってうまくマッチングされた**というわけです。

24時間すべてが需要と供給のマッチングで埋め尽くされる

さらに、稼働率の低い深夜などの時間帯に営業していれば、そのお店は瞬間的にランキング上位に表示される設計になっています。これが店側にとって強力なインセンティブとなり、冒頭のような深夜営業の「夜鳴き蕎麦」のサービスが現に増えています。

こうして、**24時間すべてが自然と需要と供給のマッチングで埋め尽くされていきます。**しかも、その絶妙なマッチングは、AIのアルゴリズムによって自動的に行われているのです。

「フードデリバリー大国」の中国では、このあと紹介する「メイトゥアン」と「ウーラマ」の二強を中心としたデリバリー網が発達しており、数十分程度ですぐに届けてくれます。需要と供給のマッチングに加えて、即座にデリバリーまでしてくれるとあって、取引の行われない「空白の時間」がますます埋められていきます。

メイトゥアンやウーラマといったプラットフォーマーは、膨大なユーザーデータと、きめ細かい配送網を武器に、グルメから通販、美容、医薬品、生鮮食品へと、取り扱う領域

メイトゥアン（美団/Meituan）
「美団」が運営する中国最大手のフードデリバリーサービス。2015年サービス開始。年間売上は約2兆1800億円（2020年）。

を次々と拡大しています。
新鮮な野菜も、できたての弁当も、かぜ薬もすぐに届けてくれるので、中国では彼女が風邪をひいたときに彼氏がすぐに薬を届けてあげないと「メイトゥアンにくらべてあなたはいったい何をしているの？」と彼女の機嫌を損ねてしまう、という笑い話もあるようです。
最先端のテック企業は、どのような仕組みで24時間の空白を埋めるサービスを展開しているのでしょうか？　詳しく見ていきましょう。

「空白」をつくらないマッチングシステムを導入している世界最先端のテック企業

1 メイトゥアン（美団）

中国版「食べログ」×「ウーバーイーツ」！「BAT」を脅かす「グルメサイト×フードデリバリー」の巨人

「フードデリバリー大国」中国で7割近くのシェア

中国の街中では、黒地に黄色のロゴのデリバリーバッグを背負った自転車やバイクをよ

食べログ
掲載レストラン数84万軒以上、月間約9000万人が利用する（いずれも2023年1月現在）、国内最大級のグルメレビューサイト。運営は株式会社カカクコム。

ウーバーイーツ(Uber Eats)
米ウーバー社が2014年に立ち上げたオンラインフード注文・配達プラットフォーム。日本では2016年にサービスを開始し、フードデリバリー市場を牽引する存在。

BAT
「バイドゥ（百度）」「アリババグループ（阿里巴巴集団）」「テンセント（騰訊）」と中国の最大手テック企業グループ3社の頭文字を取った造語。

く見かけます。一見、「ウーバーイーツ」のようにも見えますが、これは中国最大手のフードデリバリーサービス「メイトゥアン」の配達員です。

CNNIC（中国インターネット情報センター）の報道によると、中国国内におけるフードデリバリーの利用者は約4億7000万人（2021年6月末時点）と、全人口の実に3分の1にあたります。

長引くコロナ禍と中国当局による「ゼロコロナ政策」の影響もあって、この数年で中国国内のフードデリバリー市場は大きく成長しています。

［図4-1］中国の都市部ではメイトゥアンのロゴをよく見かける

出所：CTECH

そのような「フードデリバリー大国」の中国で、市場をほぼ独占しているのがこのメイトゥアンと、後ほど紹介する「ウーラマ（餓了么／Ele.me）」です。

とりわけ、メイトゥアンは市場の67・3％と圧倒的なシェアを誇っています（ウーラマは26・9％）。

メイトゥアンは、もともと「グルーポン」のようなオンライン共同購入型クーポンを販売していた「メイトゥアン」と、「食べログ」のような口コミ型のグルメサイトを運営していた「大衆点評」が、2015年に合併して誕生しました。

その後、ウーラマから遅れてフードデリバリー事業に参入したメイトゥアンは、信頼性の高い口コミが集まるグルメサイトと、短時間で配送するフードデリバリーの相乗効果によって、総合グルメプラットフォームとしての地位を確立。市場で先行していたウーラマを大きく引き離しました。

近年では、「食の総合プラットフォーム」からホテル検索・予約サイト、自転車シェア事業、タクシー配車事業、生鮮食品のEコマースなど、事業領域をライフスタイル全般に拡大しています。

2018年9月には香港証券取引所に上場。2022年6月時点での時価総額は1496億ドルで、中国テック企業の中でテンセント、アリババグループに続く第3位。「BAT」の「三強」を脅かす存在と目されています。

テンセント
アリババグループと並ぶ中国最大級のテック企業グループ。

細かく分けて、すきまを埋める「1キロ四方のセグメンテーション」

グルメサイトの域を超えて、ライフスタイル全般において「ほしいものをすぐ届ける」社会インフラを確立したメイトゥアン。そのビジネスモデルのポイントはいくつかありますが、特筆すべきは**1キロメートル四方の細かいセグメンテーション**にあります。

メイトゥアンの口コミサイトでの評価ランキングは、1~2キロメートル四方の範囲で常に並び替えが行われており、有名なお店でなくても上位にランクインされるチャンスがあります。

この細かいセグメンテーションによるランキングシステムは、第1章で紹介したカラオケアプリの「チャンバ」にも通じます。

しかし、中国は日本とは比較にならないほど飲食店の数が多く、2キロメートル四方でも2000軒を超えるお店が出てきます。競合店がひしめく中で上位にランクインされるのは容易なことではありません。

そこで、メイトゥアンはほかの飲食店の稼働率が下がる深夜や、定休日が多い曜日に営業していると、ランキングが上位に表示される独自のアルゴリズムを構築しました。するとどうなるか。

　上位にランクインされたいがために、ライバル店の空白の時間を狙って深夜などにオープンする、冒頭の「夜鳴き蕎麦」のような飲食店が増えたのです。

　さらに、範囲が狭いので、小規模の店舗でも効果的な広告を打つことができ、広告の収益性を高めています。


　そして、スマートフォンには「22時から半額！」などといったプッシュ通知が頻繁に来ます。

　冒頭のケースのように、本当は「21時くらいに夕食を食べよう」と予定していたのに、ユーザー心理的には「22

［図4-2］細かいセグメンテーションによって需要を見逃さない

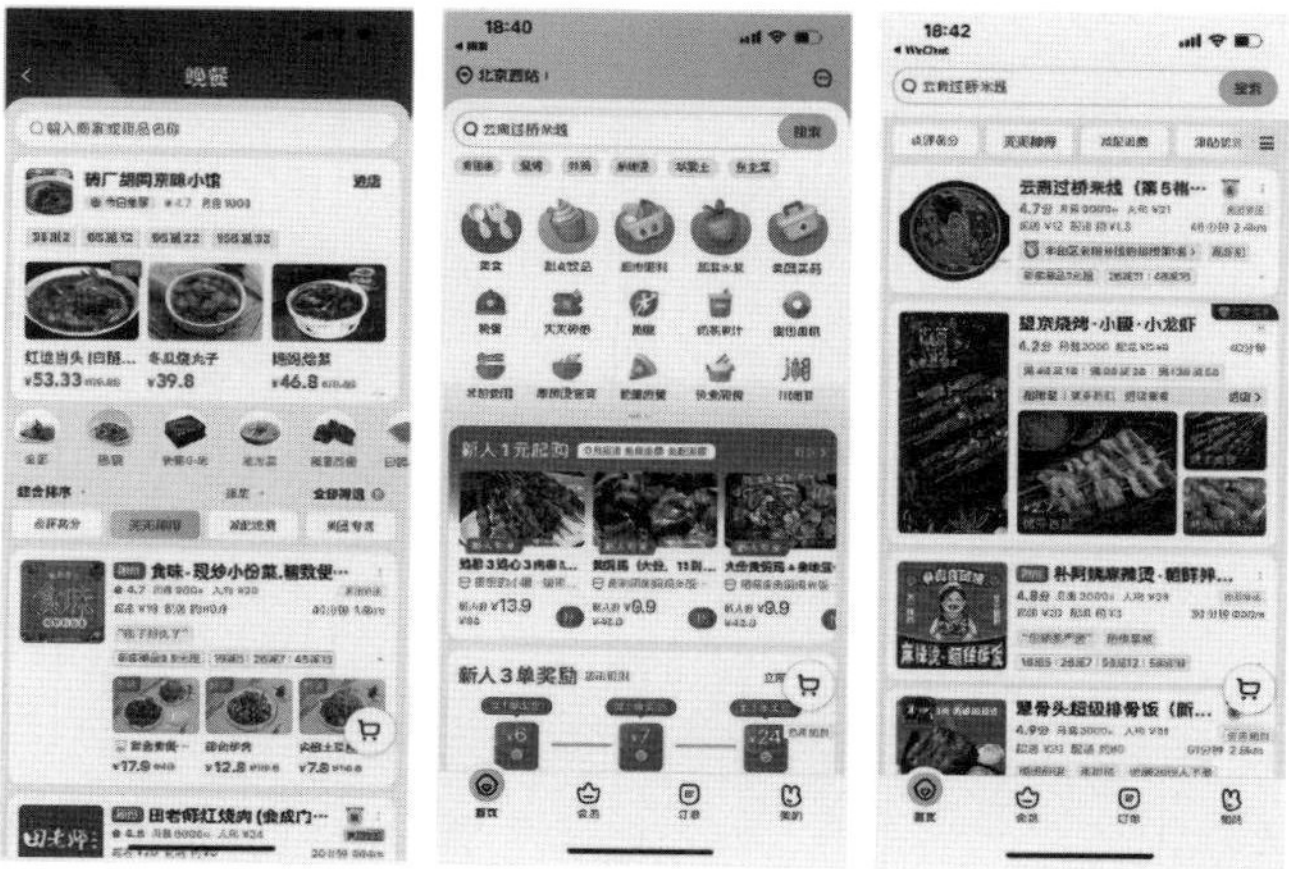

出所：美団

時から半額なら、あと1時間待ってみよう」と思わず誘導されてしまいます。こうして、稼働率が下がる空白の時間帯にも多くの飲食店が営業するようになり、しかも店に行かずとも短時間で自宅まで届けてくれる。**24時間すべての時間帯で需要と供給がうまくマッチングされ、「空白が埋まる」仕組み**になっています。

メイトゥアンのグルメサイトではユーザーが店を評価するのはもちろんですが、じつは店側もユーザーを評価しています（ユーザーの評価は非公開）。評価の低いユーザーにはその店が表示されない形になるので、おのずとそのユーザーは来店しなくなります。結果、「好まざる客」が排除され、その店にとっても大きなメリットがあるのです。

サービスを一括購入する「前集金型」ビジネスが未来の空白を埋める

メイトゥアンの強力なアルゴリズムは、24時間の空白を埋めるだけでなく、**先々の「未来」の空白までも埋めようとします。**「未来」、とはどういうことでしょうか？

ここで、スポットの取引ではなく、先々のサービスも含めてバルクで一括購入する「**前集金型**」のビジネスが台頭しているのです。

たとえば、「管理栄養士が監修した栄養バランスのよい弁当をオフィスまで届けます」というサービスをうたっている飲食店があるとします。

その飲食店は、メイトゥアンのアプリを通じて「1か月分の前金を支払ってくれたら、1食800円のところ600円でご提供します」とプッシュ通知で呼びかけます。この前集金型のクーポンが、都心に出勤するビジネスパーソンに人気となっています。

需要と供給のマッチングにはユーザーデータが核になる

このように、あらゆる空白を需要と供給で次々に満たしていくメイトゥアン。

そのマッチングを可能にしているのが、**スマートフォンアプリを通じて収集されたユーザーデータ**であることはいうまでもありません。

メイトゥアンでは決済システムも自前で保有しているので、個々のユーザーごとに「誰が、いつ、どの時間帯に、どの飲食店を利用したか」というユーザーの消費行動を細かいレベルまで把握することができます。同じ飲食店でも、店内で食事をした情報と、デリバリー注文した情報がバラバラでなく、ユーザーＩＤを軸に常に同期されています。

こうした取引に関するデータだけでなく、メイトゥアンでは、自転車やバイクで配送する際の路線データまで収集しています。そのデータも日々ＡＩで解析され、「ラストワンマイル」を常に最適化し、配送ルートの精度を磨き上げています。

豊富なユーザーデータを武器に「ほしいものが気軽に見つかり、お得なクーポンで購入でき、短時間で自宅まで届く」という体験価値を生み出すプラットフォームを確立したメイトゥアン。

２０１８年にはスーパー・コンビニ向け配送サービス「美団閃購」、２０２１年には医療・ヘルスケアサービス「百寿健康」を立ち上げるなど、サービス領域を飲食から生鮮食品、美容、医薬品へと順調に拡大しています。

領域が広がるほど多くのユーザーデータが蓄積され、さらに詳細なユーザーのペルソナを把握できる――メイトゥアンの歩みもまた、世界のプラットフォーマーの勝ち筋そのものといえます。

「空白」をつくらないマッチングシステムを導入している世界最先端のテック企業

2

ウーラマ（餓了么／Ele.me）

メイトゥアンを追走するフードデリバリーNo.2「スーパー×デリバリー」で新たな顧客体験を生み出す

中国フードデリバリー市場を開拓したパイオニア

「フードデリバリー大国」の中国において、メイトゥアンに次ぐ第2位に位置するのが、アリババグループ傘下の「ウーラマ」です。

67・3％のシェアを占めるメイトゥアンに対してウーラマは26・9％と、やや水をあけられているものの、アリババグループのコーポレートカラーでもある水色のデリバリーバッグも、中国の人々にはおなじみとなっています。

ウーラマは、メイトゥアンとはまた違ったやり方で「空白」を埋める工夫をしています。キーワードは、みなさんもよくご存じの、「スーパー」です。

ウーラマ（餓了么／Ele.me）

「上海拉扎斯信息科技有限公司」が運営するフードデリバリーサービス。2009年サービス開始。年間売上は約1兆円（2018年）、MAUは6000万人（2020年10月現在）。

中国語で「お腹すいたでしょ?」を意味するウーラマは、もともと上海交通大学の学生向けのフードデリバリーサービスとして、2009年に同大学の学生によって創業されたスタートアップ企業です。大学生を対象としたニッチなデリバリーサービスから、人海戦術による地道なローラー作戦で配送先と登録店舗を増やしていき、中国におけるフードデリバリー市場の開拓者になりました。

その後、後発であるメイトゥアンとのシェア争いを繰り広げる中で、2017年にはアリババグループの出資を受け、同グループが筆頭株主となります。同年にはフードデリバリー市場で競合だった「百度外売(Baidu Takeaway)」を買収。2018年にはアリババグループの完全子会社となりました。

[図4-3] ウーラマのアプリの操作画面

出所:餓了么

2020年7月、ウーラマは「フードデリバリーから地元密着サービスアプリにアップグレードする」と発表しました。その後は、アリババグループの資金力と豊富なユーザーデータを活かして、メイトゥアンと同様にフードデリバリーだけでなくあらゆる生活領域へとサービスの裾野を広げています。

シェア争いではメイトゥアンの後塵を拝しているものの、**ウーラマは中国の人々の消費行動を「ほしいものを買いに行く」から「ほしいものは届けてもらう」へと大きく転換させたイノベーター**であることは間違いありません。

リアル店舗との連携によるユニークな配送サービス

ウーラマの特徴は、アリババグループの子会社であるメリットを活かした独自の顧客体験にあります。

そのひとつが、同グループ直営の**スーパーやコンビニなどのリアル店舗との連携**です。その一例として、同グループには「フーマーフレッシュ」というスーパーマーケットがあります。

海鮮コーナーでは、生きた魚やエビ、カニなどが生簀で泳いでいて、伊勢エビなども手づかみできるなど、店内はエンタメ要素にあふれています。また、それぞれの魚介類には

QRコードのラベルがついていて、スマートフォンでトレーサビリティ情報を確認することができます。

店頭には新鮮さと安全性を追求したものが多く、中には、搾乳から12時間以内の牛乳、収穫してから8時間以内の果物という「スーパーアーリーエクスプレス便」と呼ばれるサービスもあるほどです。

このフーマーは、もちろん一般のスーパーのように買い物もできるのですが、オンラインでのデリバリーでの売上が約半数を占めています。たとえば、カットフルーツのジュースやスムージー、海鮮丼、ステーキ丼などの弁当も店内でつくって最短15分で自宅まで配送してくれます。

フーマー店内の天井には、コンベアが貼り巡らされており、店内でピックアップされた宅配用のフードがハンガーに吊るされ、「ガラガラ……」という音とともにひっきりなしに流れています。それを、各出口で待機しているウーラマのドライバーが受け取り、注文者の自宅に届けるというシステムになっているのです。

［図4-4］フーマーフレッシュの店内はエンタメであふれている

出所：捜狐号

トレーサビリティ情報
商品の生産から流通、消費、廃棄までの追跡可能にするための情報。主に農産物をはじめとする食品に対して用いられる。トレーサビリティ（traceability）は「trace（追跡する）」と「ability（能力）」を掛け合わせた言葉。

最先端なテクノロジーとアナログでハイタッチなシステムが同居している、なんとも不思議な空間になっています。

このような**ユニークな顧客体験を生み出す最先端のスーパーとのシナジーが、ウーラマの強み**となっています。

ウーラマはスーパーに行って、新鮮な食材を直接目で見て買う、という非常に時間がかかる行為を「空白」ととらえました。誰も気がつかなかったその「空白」を、スーパーならではの利点を損なうことなく埋めているのです。

中国最大の決済システムによる膨大なユーザーデータ

アリババグループの決済システム「アリペイ」のデータを活用できる点も、ウーラマの強みのひとつです。

詳しくは章をあらためますが、中国を代表する決済システムは「アリペイ（支付宝）」と、「中国版LINE」WeChat（微信）の「WeChat Pay（微信支付）」の2つがあります。

ECにおいてはアリペイが約半数のシェアを握っており、ユーザー数は12億人を超えています（2019年6月時点）。

その膨大な決済データがあるからこそ、個々のユーザーの消費行動を反映した最適なプッシュ通知が可能になるのです。

たとえば「母の日」のようなイベントがあれば、「母の日に花束を届けませんか？」というプッシュ通知が届き、ウーラマのアプリを開いてみるとさまざまな花束のサービスが画面に出てきます。その中から、自分の予算と配送時間に応じて最適なサービスを選択し、数十分後にはもう自宅に届けられます。

ここでも、常に需要と供給をマッチングさせ「空白」をつくらない仕組みが確立されています。

アリペイの膨大な決済データに加えて、アリババグループではApple Watchのようなスマートウォッチも開発しており、そこからユーザーのヘルスケアデータも収集しています。糖尿病の薬を服用しているユーザーに「血糖値が上がらない料理」をプッシュ通知ですすめる、といったSFのような世界も実現の日は近いでしょう。

「空白」をつくらない
マッチング
システムを
導入している
世界最先端の
テック企業

3

ラッキンコーヒー（瑞幸咖啡）

上場廃止の危機を乗り越え「打倒スタバ」を実現！
表はコーヒーチェーン、裏は最新テック企業

中国全土に６０００店舗を展開する「スタバキラー」

メイトゥアンとウーラマは、さまざまな商品を取り扱う、いわば「食のプラットフォーム」でした。**今度はひとつの商品にこだわりつつも、同じように「空白」を埋める戦略をとっている企業**をご紹介します。

上海が、世界でもっともコーヒーショップの軒数が多い都市になった――２０２１年11月５日、こんなネットニュースが中国のネットメディアでトレンド入りしました。

同日の『人民網日本語版』[vi]は、「上海市には現在、コーヒーショップが６９１３軒もある。その数はニューヨークやロンドン、東京にくらべてもはるかに多く、世界でコーヒーショッ

ラッキンコーヒー（瑞幸咖啡／Luckin Coffee）
中国最大のコーヒーチェーン。２０１７年サービス開始。年間売上は約１５００億円（２０２１年）、店舗数は６５８０店（２０２２年３月）。

プがもっとも多い都市となっている」と報じています。
中国でもっともポピュラーな飲み物といえば中国茶で、ひと昔前にはコーヒーを飲む習慣はほとんどありませんでした。それが、今日ではスターバックスが5000店舗以上を構えるなど、中国でもカフェ文化が広まりつつあります。日系企業もプロント、コメダ珈琲店、ドトールなどが中国に進出しています。
その中で、2017年に突如登場し、破竹の勢いで規模を拡大していった中国の新興コーヒーチェーンがあります。それが「ラッキンコーヒー」です。

スターバックスと同じ品質のコーヒーを、スターバックスの半額で提供する――トナカイのイラストがトレードマークのラッキンコーヒーの戦略コンセプトは、実に単純明快です。職場でも家庭でもない「第三の場所（サードプレイス）」の提供がコンセプトのスターバックスに対抗して、テイクアウトに絞って店舗面積と人件費を最小限に抑えることで、高品質・低価格のコーヒーサービスを実現しました。
スターバックスへの対抗軸であるこのローコスト戦略が的中し、ラッキンコーヒーは創業して1年あまりで2000店舗を突破し、当時の中国企業としては最速でユニコーンの仲間入りを果たしました。
そして2019年5月、設立わずか18か月で米ナスダックへの上場を実現します。

スターバックス
米シアトルで創業した世界最大級のコーヒーチェーン。世界84か国に展開し、店舗数は約3万5000店（2022年4月現在）。日本では1996年に第1号店がオープン。

プロント
株式会社プロントコーポレーションが運営する日本の喫茶店チェーン。1988年創業。

コメダ珈琲店
愛知県名古屋市を発祥とする喫茶店チェーン。1968年創業。店舗数は950店（2022年5月現在）。

しかし、好事魔多しとはこのこと。2020年4月に売上を水増し計上していた不正会計が発覚したラッキンコーヒーは、同年6月にはナスダックでの上場廃止、当時のCEO（最高経営責任者）とCOO（最高執行責任者）も解任され、アメリカで破産申請するという事態にまで追い込まれました。

ところが、刷新された経営陣のもとで不正会計を処理したラッキンコーヒーは、わずか1年で黒字転換を果たしました。そして、2021年時点での店舗数が6024店舗と、スターバックスの5557店舗を上回りました。

創業当初に「スターバックスを追い抜く」と宣言したラッキンコーヒーは、創業からわずか4年で見事にそれを有言実行し、名実ともに中国最大のコーヒーチェーン・ブランドとなったのです。

［図4-5］ラッキンコーヒーの店内

出所：瑞幸咖啡

ドトール
国内に1064店（2023年1月末現在）を展開する国内最大級の喫茶店チェーン。1980年に原宿で第1号店を開業。

専用アプリから得たデータをもとに割引率をカスタマイズ

このラッキンコーヒーの復活劇は、当初のビジネスモデルが消費者の支持を失っていなかったことを表しているといえるでしょう。価格に敏感な中国の国民性にもマッチしたともいえます。

ただ、本書の目的は「世界のテック企業」の最新動向を紹介することです。ラッキンコーヒーもたんなるコーヒーチェーンではなく、その実態はまぎれもない「テック企業」です。

ラッキンコーヒーの注文はすべてスマートフォンアプリから。メニューを選択して注文し、できあがる頃に店舗まで受け取りに行くか、宅配を選びます。

このスマートフォンアプリこそ、ラッキンコーヒーのビジネスの要です。**アプリをとおして大量のユーザーデータを取得し、ＡＩのアルゴリズムを裏側で回しています。**

それによって、同じ商品でもユーザーによって半額になったり、3分の2になったり店舗やユーザーに応じてパーソナライズされた異なる価格を、プッシュ通知で呼びかけています。さらに「2人で買うと割引」「5000円分のチケットを購入したら半額」など、さまざまなパターンの割引サービスもあります。

　さらに、稼働率が悪い店舗があったら、その周辺にいるユーザーに、しかも、割引に敏感なユーザーをセグメントして、割引のクーポンをプッシュ通知で送るなど、ここでも「空白をつくらない」需要と供給のマッチングが常に行われているのです。

［図4-6］
注文はすべてアプリから行われる

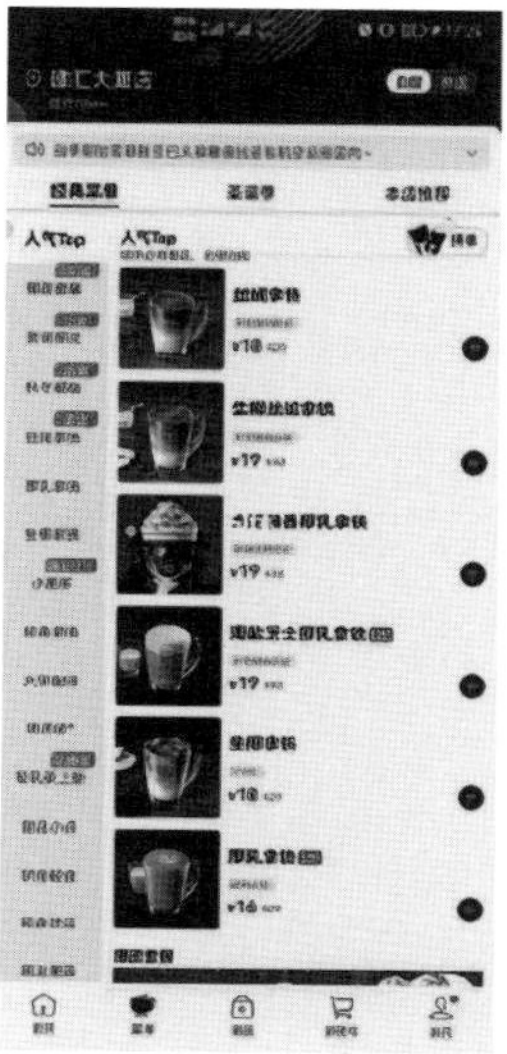

出所：瑞幸咖啡

　ユーザーデータから**「このユーザーはこのくらい割引しないと買ってくれない」というミクロレベルまで消費行動を把握できているので、プッシュ通知の内容も常に最適化されている**のです。

　ある意味、ダイナミック・プライシング（詳しくは第7章をご覧ください）にも近いシステムといえます。

専門家でなくてもひとめで使い方がわかるBIツール

さらに、ラッキンコーヒーでは**ユーザーの位置情報も、スマートフォンのGPSから常にリアルタイムで「見える化」**されています。

その情報を表示するBIツールも非常に優れもので、たとえば、「赤いドットは20代女性」「青のドットは10代男性」などと視覚化され、ダッシュボードに表示されています。どの属性の人が、どの場所で、どのくらいコーヒーを買っているのかがヒートマップで、ひとめでわかるようになっているのです。

このBIツールなら、**データ分析の専門家でなくても「どのエリアでコーヒーが売れている／売れていない」というのが一目瞭然**です。結果、データに強くない社員からも多くのアイデアが生まれ、採用されることもあるそうです。

このように、**データの収集やAIによる解析というテクノロジーに目が行きがちですが、その結果を視覚的に伝え、共有するシステムにも、世界のテック企業にはおおいに学ぶべきものがあります。**

アメリカでの上場廃止のピンチを乗り越え、短期間で「打倒スタバ」を果たしたラッキ

BIツール
BIとはBusiness Intelligenceの略。企業活動におけるあらゆるデータを集積・分析・加工するツール。

ンコーヒーは、中国国内の新興企業にとっても優良なロールモデルとなり、同社の成功を模倣したさまざまな飲料サービスが生まれています。チーズティー専門店の「ヘイティー（喜茶／HEYTEA）」はその代表です。

中国茶にフルーツとクリームチーズをトッピングした独自のフレーバーで、健康志向の高い若者を中心に大人気の喜茶は、スマートフォンアプリで注文したドリンクを専用のロッカーで受け取る「喜茶ＧＯ」というサービスを２０１８年から展開しています。

スマートフォンを通じてユーザーのペルソナ、購入履歴、地域分布、消費ピーク時間帯などのデータを取得し、ＡＩが解析して購買体験の向上につなげるモデルは、まさしくラッキンコーヒーが築いた常道といえるでしょう。

ヘイティー（喜茶／HEYTEA）
2012年に創業した中国茶チェーン。チーズティーが人気を博し、国内外では695店を展開（2020年12月末現在）。

［図4-7］　ヘイティーの店内

著者撮影

特徴1 24時間働き続けるAIが「空白」を埋める

世界の最先端のテック企業においては、**マーケティングはもはや「人」ではなく「AI」が担っています。**

本社のマーケターが机上で一生懸命ペルソナを考えなくても、ユーザーデータという「ファクト」が日々膨大な量で収集・蓄積されており、それをAIが24時間解析し続けることで、個々のユーザーのペルソナや消費性向がおのずと浮かび上がってきます。

そのペルソナをもとにプッシュ通知を送り、その結果をチェックする、という仮説検証を高速で繰り返すことで、あらゆる時間帯で需要と供給のマッチングの精度が上がり、空白がどんどん埋まっていきます。

さらに、メイトゥアンやウーラマのようなデリバリーサービスのプラットフォームでは、配送の路線データもすべて収集し、ＡＩが日々解析しています。

ユーザー属性から注文履歴、決済履歴、移動履歴にいたるあらゆるデータを、ユーザーＩＤを軸に統合することで、ミクロレベルまでユーザーのペルソナを浮かび上がらせることができるのです。

特徴2　「プッシュ型」の強力なマッチングシステム

世界のテック企業は、「待つ」ことをしません。

ユーザー、そして店舗をプッシュ型で常に誘導し、マッチングさせるシステムを持っています。

メイトゥアンやウーラマなどでは、ＡＩによって解析された「誰が、どの商品を、いくらで購入したいか」という個々のユーザーの消費行動をもとに、カスタマイズされたプッシュ通知を日々発信しています。

「このユーザーはこれくらい割引しないと買ってくれない」というレベルまで消費行動が

わかるので、その特性をふまえ、ユーザーによって異なる割引サービスを提案しています。

あまり頻繁にプッシュ通知が鳴るとうんざりしてしまいそうですが、そこも個々のユーザーごとに最適化された絶妙なタイミングと内容になっているので、不思議とうるささを感じないのです。


ユーザー側だけでなく飲食店側にも、細かいセグメンテーションとランキングシステムによって「いま、この時間にサラダを食べたい人がこのくらい増えています」「この時間まで延長しませんか?」といった形でプッシュ通知が送られています。

その結果「ライバル店が店を閉めている間に集客しよう」との強力なインセンティブが働き、稼働率の低い深夜などの時間帯にも開店する店が増え、そこでも需要と供給が最適にマッチングされる仕組みになっています。こうして24時間すべての空白が埋まっていきます。


ユーザーの側にしてみれば、24時間いつでもお得な値段で買い物ができ、短時間で自宅まで届けてくれるので、これほど便利な消費体験はないでしょう。

でも、その裏ではプラットフォーム側が強い制限をかけてユーザーを誘導しているのです。もはや、強大なプラットフォーマーが人々のライフスタイルをも変革しているといえるでしょう。

特徴
3

「前集金型」で未来の空白も埋め尽くす

「空白をつくらない」消費体験は、何年も先の「未来」にも及んでいます。つまり、数か月先、数年先のサービスも一括で購入する「前集金型」のビジネスがメイトゥアンやウーラマでは普及しています。

メイトゥアンのケースでは、毎週のオフィスランチのケースを紹介しましたが、飲食のみならず美容やフィットネスなど、多くのジャンルで前集金型の割引サービスをよく見かけます。

たとえば、1か月の料金が1万5000円のパーソナルトレーニングジムがあるとします。そのジムがあなたに「5年契約して一括して前払いすると月額8000円になります」という前集金型の割引サービスを提案してきたりします。

おもしろいのはここからで、あなたが計48万円（＝8000円×12か月×5年）を一括で払って購入する必要はありません。実際の支払いは信販会社が前払い一括で払い、あなたは毎月8000円を信販会社に払います。つまり、結果だけ見ると、1か月の料金が1万5000円から8000円へと割引になっているのです。

さらに、あなたは「あそこのパーソナルジム、すごくいいよ。一度行ってみたら?」と知人を勧誘し、8000円のチケットを1万円で販売して、まるで株式売買のように差額の2000円を儲けることが可能なのです。

パーソナルトレーナーも、ジムの回数券を100万円分買い、自分の取り分を上乗せした金額でユーザーに販売する、といったことを行っています。ジムは自動的な集客になり、トレーナーは自分専用のジムを保つ必要がありません。

さらに二次流通のプラットフォームも用意され、期間の途中でジムを退会する人は、会員権を転売することが認められており、前払いのリスクヘッジができます。ジム側にとってみると、会員権が転売されるということは、誰かが退会しても実質的な会員数が減らないということです。会員数はそのまま、あるいは増える一方なので財務が安定し、豊富なキャッシュにより、出店を一気に加速させることができます。

このように、未来の「空白」を埋める前集金型のビジネスから新たなビジネスが派生するダイナミックさに、人口14億人の中国マーケットの底知れなさを感じずにはいられません。

第5章

「信用の見える化」で共通の評価軸を立てている

KEYWORD

信用スコア

「信用スコア700以上」＝「ハイスペック男子」？

「オレ、信用スコアが700を超えているんだ……つき合わない？」

身長が高く、見るからにエリートそうな男性が、スマートフォンの画面を見せながら女性に話しかけています。中国のテレビドラマのワンシーンです。

日本では学歴、年収、一流企業などの条件がそろうと「ハイスペック男子」などともてはやされますが、中国ではそういった**属性データだけでなく、さまざまなチャネルによってひとりの人間を評価しています。**その主な評価軸をざっと挙げると次のとおりです。

- 公共料金の支払履歴
- 所有不動産や車などの資産データ
- クレジットカードなどの信用履歴
- SNSなどの交友関係
- ECなどでのショッピング履歴

これらのデータはすべて、モバイル決済アプリを中心としたスマートフォンから収集されたものです。

キャッシュレス化が急速に進んだ中国では、国民のほとんどが支払いをスマートフォンひとつで済ませます。ＥＣはもちろん、リアルの百貨店やスーパー、コンビニ、屋台にいたるまで、あらゆる買い物の場面にはレジにＱＲコードがあり、スマートフォンをかざすだけで簡単に決済を済ませることができます。

これらの買い物データはもちろん、公共料金の支払いや納税もスマートフォンで完結できるので、ほとんどすべての取引データが決済アプリ上に蓄積されます。

その中国のモバイル決済市場においては、大きく２つの勢力が９割以上のシェアを占めています。アリババグループの「アリペイ（支付宝）」と、テンセントの「WeChat Pay（微信支付）」です。

少し古いデータになりますが、図５－１は国連資本開発基金（ＵＮＣＤＦ）がまとめた報告にもとづく、中国におけるモバイル決済の市場規模の推移を示しています。

２０１６年の段階で、アリペイとWeChat Payを合計したモバイル決済額は２兆９０００億ドルに達しており、２０１２年から約20倍に急増しています。

アリペイ(支付宝)
中国のアリババグループが提供するキャッシュレス決済システム。

WeChat Pay(微信支付)
中国のテンセントが提供するキャッシュレス決済システム。

このように中国のモバイル決済市場を寡占している**アリペイとWeChat Payでは、蓄積された膨大な支払いデータをもとに一人ひとりの購買力、納税状況、保有資産の状況、消費性向をＡＩが評価し、「信用」を定量的にスコアリングし、「６００」などと数値化しています。**冒頭のテレビドラマの「信用スコアが７００」とはこのことです。

目に見えない「信用」を可視化する

中国テック企業の信用スコアリングへの取り組みは、２０１４年６月に中国国務院が発表した「社会信用システム構築計画綱要」に端を発します。

この社会信用システムを２０２０年までに

［図5-1］　中国におけるモバイル決済の市場規模比較

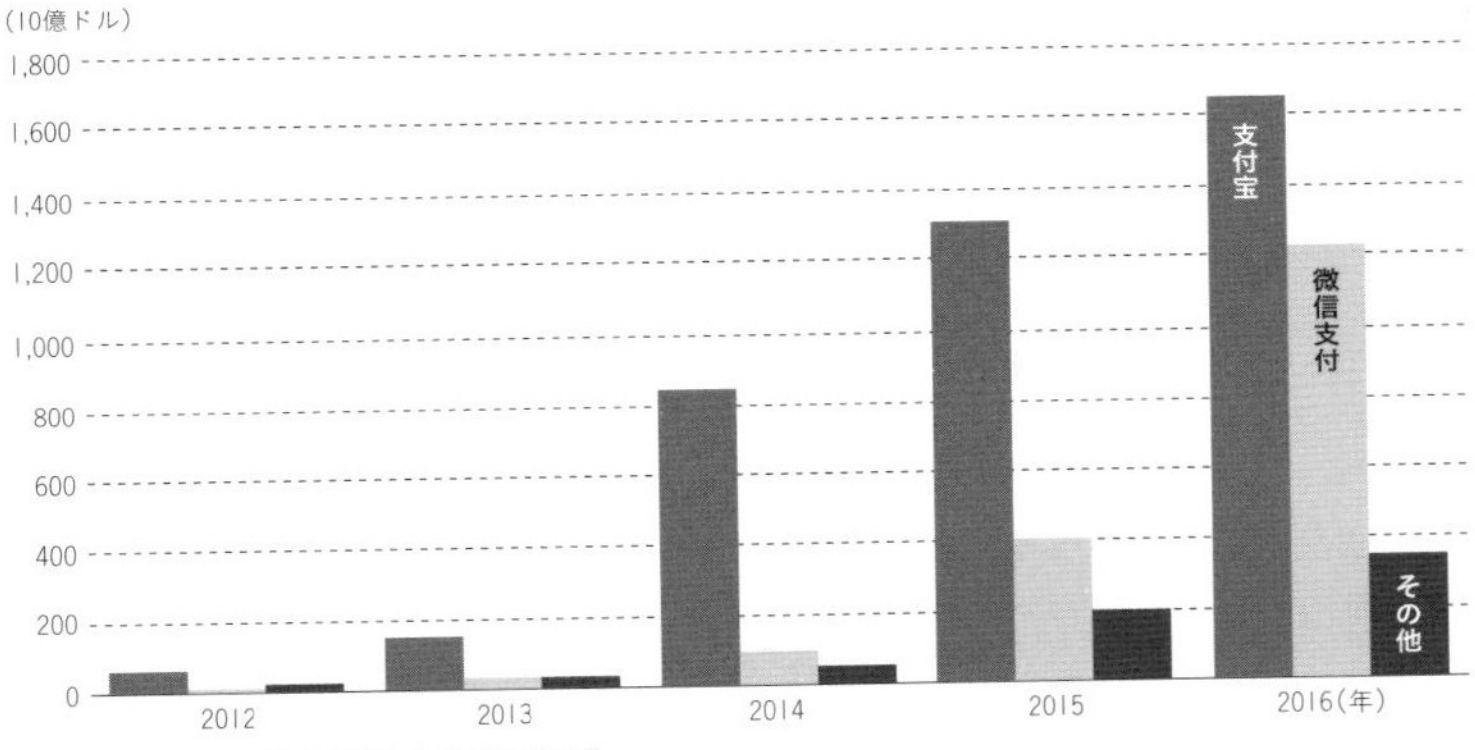

出所：平成30年版情報通信白書(総務省)

全国的に導入させるべく、2015年1月、中国人民銀行（中国における中央銀行）は民間企業8社に対して個人信用スコアサービスの開業準備を認可し、民間主導で信用スコアリングを構築するプロジェクトが始動しました。

そして、2015年にアリババグループの「セサミクレジット（芝麻信用）」が、はじめて信用スコアリングシステムを実装しました。次いで2019年には、ライバルのテンセントが「WeChat Pay Points（微信支付分）」をローンチします。

中国ではこれらの信用スコアが、これまで目に見えなかった人の「信用」を可視化する指標としてすっかり定着しています。

それにより一定以上のスコアを持つ人はシェアリングサービスや融資などの際に審査や手続きが大幅に短縮されるなど、社会生活においてさまざまな優遇措置を受けられるようになりました。逆に、公共料金を滞納したりレンタル用品の返却が滞るなどの行為には、信用スコアを下げるといった「処罰」が与えられます。

それだけ日常生活において信用スコアが浸透すると、人々は「もっと信用スコアを上げたい」「信用スコアを下げたくない」と自然に動機づけられます。

その結果、**社会や企業にとってマイナスとなる行為が減少し、社会秩序維持や取引コストの大幅な削減につながっています。**

もはや、民間企業の与信システムの枠を超え、社会全体のガバナンスをも制御するシステムとして、その影響力を強めている中国の信用スコアリング。本章では、その代表としてアリババグループの「セサミクレジット」を取り上げます。

その仕組みや社会に与える影響力に、SF小説を読んでいるような感覚に襲われたり、倫理的な観点から違和感をおぼえるかもしれません。

しかし、これが海の向こうの国の現実なのです。その是非はさておき、私たちのビジネスにとって少なからぬヒントを与えてくれると思います。

信用スコアを導入している世界最先端のテックサービス

1

セサミクレジット（芝麻信用）

世界が注目する「信用スコアリング」のトップランナー「信用」の力でエコシステム経済圏を拡大

セサミクレジット（芝麻信用）
アリババグループのアリペイが提供する信用スコアリングシステム。2015年サービス開始。

購買履歴から税金、裁判所まで、あらゆるデータをＩＤで集約

前述のとおり、中国のモバイル決済市場はアリババグループの「アリペイ」とテンセントの「WeChat Pay」がシェアの９割を占めています。中でもアリペイが国内ＥＣ決済サービスにおいて約半数のシェアを誇っています。

そのアリペイのシェアを背景に、信用スコアの領域で一歩リードしているのが「セサミクレジット」です。

アリババグループは「タオバオ」「天猫」のＥＣモールを筆頭に、クレジットカードや消費者金融、融資・リースなどの金融サービス、ホテル、不動産、レンタカー、旅行、結婚恋愛などさまざまなサービス企業を傘下に持ち、巨大な経済圏を形成しています。

これらのサービスはすべてアリペイを決済アプリとして使用しており、**膨大な購買データが日々アリペイに集約されています**。また、税金や社会保険料などの納付にもアリペイが使われています。

さらに、アリババグループ以外の各企業や機関ともデータパートナーとして提携してお

り、その数は数百に及びます。その中には最高人民法院（日本の最高裁判所に相当）をはじめとする裁判所の信用失墜被執行者リストや、裁判所が関与した経済紛争の判決データといった、信用に直接的にかかわるデータも含まれています。

これら各種サービス・機関から収集されたデータは個人ごとにＩＤで紐づけられ、膨大な個人データとして蓄積されています。そのデータをＡＩによって評価し、独自に格づけする信用スコアリングシステムとして開発されたのがセサミクレジットです。

「５つの評価軸」で信用スコアを総合的に算出

その信用スコアは、５つの評価軸にもとづき総合的に算出されます。

①**身分特質**……身分、年齢、出身地、学歴、職業、運転免許証などの各種データ
②**履約能力**……過去の支払い履行能力、住宅購入積立金、所有不動産や車などの資産データ
③**信用歴史**……クレジットカードなどの信用履歴および購入データ
④**人脈関係**……ＳＮＳなど各種アカウントとのつながりから交友関係を評価
⑤**行為偏好**……消費に関する特徴、ショッピング内容や支払い、振り込みなどの特徴

これを見てわかるとおり、属性データだけでなく「過去に何を買ったか」「税金や公共料金は遅延なく支払われているか」といった決済履歴から、その人の趣味嗜好にいたるまで、多角的な視点から信用スコアは算出されます。

中でも「えっ、こんなものまで？」と驚かされるのが、「④人脈関係」です。アリペイのデータは各種ＳＮＳのアカウントと紐づいており、そこでの交流関係もスコア対象となります。

仮に何らかの問題を抱える人物があなたの「友だち」であった場合、それが１万人のうちのひとりであれば支障はありませんが、10人のうちのひとりであれば「この人物も問題があるに違いない」とみなされ、スコアが低く評価されてしまいます。

これらの５つのチェックポイントをもとにした総合点数で、最終的な格づけが行われます。信用の高低は点数によって５段階に区別され、最低が

［図5-2］　５つの評価軸でスコアが決まる

出所：芝麻信用

［図5-3］ セサミクレジットのスコア表

スコア	最重要キーワード
700～950	信用極好（きわめて良い）
650～700	信用優秀（優秀）
600～650	信用良好（良い）
550～600	信用中等（まずまず）
350～550	信用較差（低い）

出所：平成30年版情報通信白書（総務省）より作成

［図5-4］ 自分のスコアは簡単に確認できる

出所：芝麻信用

350点、最高が950点です。600点以上あれば「よい消費者」と認められ、700点を超えるとかなり優良な消費者であることの証になります。

信用スコアの高い人に与えられる優遇措置

一定以上の信用スコアを持つ消費者は、日常生活のさまざまな場面で優遇措置を受けることができます。

信用スコアは日常社会のあらゆる場面で人々を無意識のうちに「規律」しています。
中国の病院では診療費を前払いするのが一般的ですが、650点以上のスコアを持つ患者には前払いを免除することで、病院

［図5-5］信用スコアが650点以上の顧客が受けられる主な優遇措置

優遇措置	内容
シェアサイクルの保証金不要	自転車シェアリング５社では、650点以上の顧客であれば、保証金、利用料金ともに無料（一部地域・一部企業限定）
電気自動車レンタルの保証金免除	スコアが650点以上の場合、レンタカーなどの保証金が免除される
本の貸し出しサービスの保証金免除	650点以上の人には、初回の保証金が不要で家まで届く（返却の送料は読者負担）
雨傘の無料レンタル	ファストフード店やコンビニで提供しているレンタル置き傘の貸し出しサービスを無料で受けられる
ホテル予約の際の保証金不要	中国の一部のホテルでは予約する際に保証金や宿泊料を支払う必要があるが、スコアが高い人は不要となる場合がある
マッチングアプリでの相手の優先紹介	一部のマッチングアプリでは信用スコアが高いユーザーに対して、優先的に相手を紹介するサービスを行っている

出所：平成30年版情報通信白書（総務省）より作成

の混雑緩和に役立っています。反対に、診療や治療結果に対して不満を表明した患者に対して信用スコアを下げる「処罰」を行う病院もあるそうです。

司法の分野においても、裁判所がデータパートナーとして、罰金の滞納者に関する情報をセサミクレジットと共有しています。罰金や訴訟費用を支払わないユーザーはスコアを下げられてしまいます。

そのほかにも、エアチケットなど公共交通機関の乗車を拒絶される、といった事例もあります。

社会秩序を維持する「アメ」と「ムチ」のメカニズム

公共交通機関から医療サービス、行政手続き、マッチングアプリまで、もはや**「社会インフラ」といってもよいほどに、人々の生活に深く浸透している**セサミクレジットの信用スコア。

信用スコアの高い人には優遇措置という「アメ」を与え、社会のルールを逸脱した人には信用スコアを下げたり、サービスを停止するという「ムチ」をふるう――このメカニズムによって、**人々の行動がおのずと社会秩序を守る方向へとコントロールされ、さまざま**

な領域でサービスの品質向上や消費行動の最適化が実現しています。

さらに、街中のいたる所にはＡＩカメラが設置され、誰がどんな行動をとったか、誰と一緒にいたかまで監視され、逐一スコアに反映されます。

小さい頃は悪いことをすると「誰も見ていなくてもお天道様は見ているよ」などとよくいわれたものですが、中国ではもはや「ＡＩは見ているよ」なのです。

そして、この信用スコアは毎月更新のタイミングが訪れます。

返済や支払いの遅延を避けるのはもちろん、ボランティア活動や寄付、新しい免許の取得など、個々人が「いいことをしている」「人として成長している」ことを証明できれば、ＴＯＥ

［図5-6］セサミクレジットの信用スコアによるサービスや消費行動の改善事例

サービス	改善事例
ホテル	チェックインに要する時間が10分から45秒に短縮 チェックアウトに要する時間が４～５分から18秒に短縮
レンタカー	レンタル料金の踏み倒しが52パーセント減 規約違反による罰金の踏み倒しが27パーセント減
シェアサイクル	新規ユーザー登録に要する時間が10分から１分に短縮
病院	診察や支払いの際の待ち時間を60パーセント削減

出所：全国城市免押報告（芝麻信用）より作成

ICの点数を上げるように、自助努力によってスコアを上げることができます。

また、前述した5つのチェックポイントのうち「⑤行為偏好」は、スコアリングにおいて25%の高いウェイトを占めています。つまり、**アリペイで買い物をしたり、公共料金を支払うことで、スコアが上がる仕組みになっている**ので、人々は進んでアリペイを使うようになります。

信用スコアが「エコシステム経済圏」を拡大させる

そのアリババグループは、毎年200社から400社ものスタートアップ企業に投資しているといわれます。

それらの企業を自社グループに取り込み、決済システムをアリペイと連携させることで、さらに多くのデータを吸い上げ、信用スコアの精度を高めているのです。

その企業が上場することで得られたキャピタルゲインを次の企業に再投資して、さらにデータが集まり、信用スコアの精度が高まる――という**大きなエコシステム経済圏**を構築しています。

ライバルのWeChat Pay Pointsも同様のビジネスモデルを展開しており、いわば「青」

のアリババと、「緑」のテンセントの二大陣営が競い合いながらこのエコシステム経済圏を拡大し、信用スコアによって人々を制御しているのが、中国のテックジャイアントの実態なのです。

このセサミクレジットのように、個人のさまざまなデータを信用スコアで数値化することで、社会のガバナンスをコントロールしようとする動きに対して、「ＳＦ小説が描く監視社会のようだ」「社会の分断を助長する」などの批判的な意見があるのは私も承知しています。

ただ、現にこの信用スコアによって、取引コストの削減やサービスの改善、違法を取り締まるコストの削減が実現しているのは事実です。

もちろんネガティブな意見はあってもいいのですが、このセサミクレジットのケースから「何を学ぶか」という姿勢が大事ではないでしょうか。

メーカーより決済事業者がピラミッドの頂点に立つ未来

このセサミクレジットのような信用スコアリングが力を持つことで、**中国ではメーカー・**

サービス事業者・決済事業者の三者間のパワーバランスに、ある「変化」が見られます。

どういうことでしょうか。わかりやすい例として、ウーバー(Uber)のような配車サービスのために自動車を増産する、という状況を考えてみましょう。

まず、日本にも見られるような伝統的なパワーバランスでは、ものづくりを担うトヨタのようなメーカーがピラミッドの頂点に立ち、自動車の生産台数を決定します。サービス事業者、次いで決済事業者はその決定に従うしかありません。

一方で、信用スコアリングが定着している中国のような国では、その伝統はとっくに変化しています。

まず配車サービスを拡大するためにどのくらい自動車が必要か、という視点で自動車の生産台数が決まり、メーカーに生産を発注します。

しかし事業ニーズがどれだけあり、今後どれだけス

［図5-7］伝統的なパワーバランス

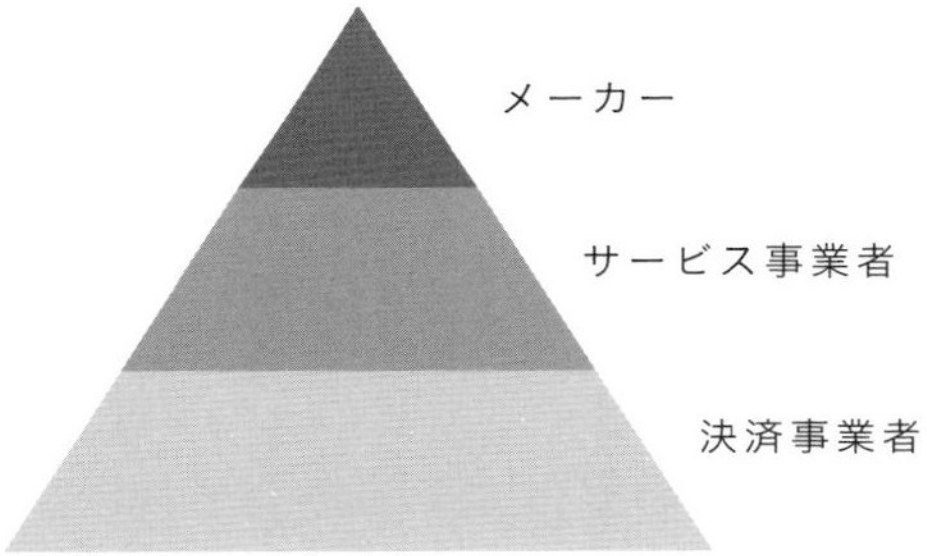

ウーバー(Uber)
米ウーバー・テクノロジーズ社が運営する配車サービス。2009年にサービスを開始。一般のタクシーと異なり、個人のドライバーと利用者をマッチングするシステムで、シェアリングエコノミーを代表するサービスのひとつ。

ケールしていくかは、決済事業者がどのデータを提供するかによって規定されます。さらに、信用スコアによって取引コストやトラブルシューティングのコストも低減されます。

つまり、**「どの決済事業者と組むか」**が、**配車サービスの事業展開を大きく左右する**のです。

膨大な決済データを武器に、ユーザーを信用スコアによって誘導する決済事業者がいちばん強大なパワーを持ち、それにサービス事業者が従属する。そして、そのサービス事業者のニーズによって、メーカーの生産量が決まってくる。中国ではこういったパワーバランスの**「逆転現象」**が起こりつつあります。

今日、日本のメーカーはあらゆる市場で国際競争力を失いつつあります。メーカーに依存する構造が変わらないかぎり、それに従属するサービス事業者、決済事業者も含めて、市場は縮小していく一方ではないでしょうか。

［図5-8］ 新しいパワーバランス

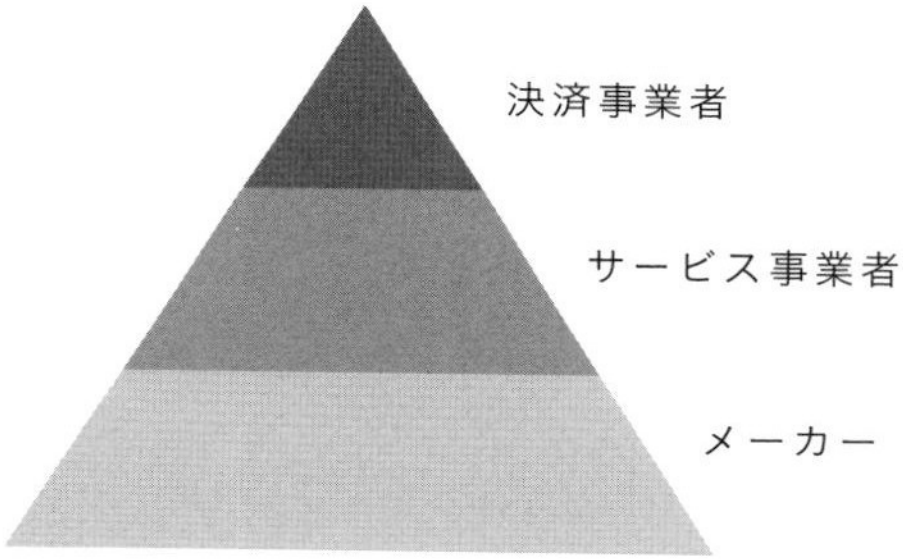

特徴 1
信用情報の連携によって「エコシステム経済圏」を構築

本章で取り上げたセサミクレジットの信用スコアリングのケースは、「壮大すぎてイメージがわかない……」という方もいるかもしれません。
ただ、**異なるサービスや評価システム同士が連携することで、お互いのサービスが向上し、ユーザーにもベネフィットがもたらされる**という点は、日本企業においてもおおいに見習うべきポイントです。

わかりやすい例として、テンセントの「WeChat Pay Points」では、レンタルした商品を返却していないユーザーに対して「WeChat の利用を停止します」とメッセージを流します。イメージとしては日本でいうＬＩＮＥの使用を止められるようなものです。ＬＩＮＥが止められたら大きな支障が生じるし信用スコアも下がるので、このたったひとつのメッセージで返却率が劇的に改善されるのです。

「メッセージアプリ」と「レンタルサービス」の異なるサービス同士のかけ算が社会的コストの減少をもたらした好例といえるでしょう。

同業者同士で評価システムを持ち合う例もあります。

多くのホテルチェーンでは、利用頻度やグレードに応じてゴールド、プラチナなどの会員制度を設けています。

ところが、中国のあるホテルサイトでは、そのサイト内のひとつのホテルでプラチナ会員になれば、サイトに登録しているすべてのホテルでもプラチナ会員のグレードが適用されるようになっています。よって、ホテル単体の会員制度より価値が高まり、集客にもプラスとなります。

さらに、ホテルの会員ランクが上がることで、同業者同士を飛び越え、航空会社や駐車場、映画館、ショッピングセンターなどでステータスマッチが行われ、優遇されます。

同業種であれ異業種であれ、自社のサービスや評価システムがどの企業、業界と連携することでどんな価値を生むか、という視点は、これらのテック企業に学ぶべきところが大きいでしょう。

特徴2 信用スコアの導入において圧倒的なベネフィットを提供

信用スコアによって「評価」されている当の人々に、「行動を監視されている」「個人情報を不当に濫用されている」という否定的な意識があるかというとそうではなく、大半は自然に受け入れています。

そして、自身の信用スコアを上げる行動を、まるで「歯磨き」のように1日数回、ちょっとの時間で繰り返す無意識の習慣レベルで実践しています。

なぜなら、**「信用スコアを上げる」ことで得られる消費者側のベネフィットがあまりに大きい**からです。

サービスを受ける際の保証金が不要になる、待ち時間が短くなる、違法行為が減少する——慎重論を凌駕するほどのベネフィットが得られるので、文句をいう人はほとんど出ないのです。

第1章の「EX（エンターテイメント・トランスフォーメーション）」で、「『データ提供の対価としてのベネフィットを提示する』ことは、ユーザーデータ獲得における重要なポイント」だと述べました。

誤解されやすいのですが中国テック企業のサービスにおいても、個人情報の利用について「キャンセル」の権利はユーザーに与えられています。

その上で、**「データを提供してもらえるとこれだけ便利になります」というベネフィットの提示が、より多くのデータを集めるポイントである**ことが、このセサミクレジットのケースからもうかがえます。

特徴3 「信用」から新しい消費体験を生みだす

この信用スコアリングによって、**これまで目に見えなかった「信用」が可視化されるようになると、これまで「信用」を担保する、あるいはリスクを回避するためのあらゆるコストや労力が不要になります。**このことは、まったく新しい顧客体験をもたらします。

2020年、日本でも一律10万円の特別給付金が支給されましたが、交付に大幅な時間がかかり、混乱を招いたことは記憶に新しいところです。

一方の中国では、スマートフォンに顔を近づければGPSと顔認証で本人確認ができ、さらにそれが信用スコアと紐づくので、秒単位ですぐにお金が振り込まれます。どちらのほうがより便利であるかは明白でしょう。

レンタカーや自転車などのシェアリングサービスも、返却されない、あるいは事故を起こされてしまうといったリスクのために、損害保険などのコストを上乗せしていますし、登録手続きにも時間がかかります（中国の場合は保証金をあらかじめ支払います）。そのコストが不要とはいえないまでも大幅に減少し、消費者にとっても登録手続きの簡素化や、利用料の低下というベネフィットが得られます。

極端な例を挙げると、「Amazon Go」（第6章）のような無人店舗の試みが世界的に進んでいます。ただ、いまのところは盗難などの犯罪を防止するためのセキュリティ管理に多くのコストを割いています。

ところが、信用スコアがあれば、大幅にスコアを下げられる行為は行いません。したがって、セキュリティ管理に要していたコストを大幅に下げることが可能です。

近い将来には一定以上の信用スコアの人が居住できる「カギのないマンション」などができてもおかしくないでしょう。そのくらい、これまでの消費体験において当たり前だった「リスク回避のコストを上乗せする」ことがなくなるインパクトは大きいのです。

第6章

「オンライン」と「オフライン」の境界が取り払われている

KEYWORD

スーパーOMO

小売業界におけるマーケティングの重要課題

「OMO（Online Merges with Offline）」。特に小売業界でマーケティングに携わっている方なら、この言葉を聞いたことがない方はいないでしょう。

直訳すると「オンラインとオフラインの融合」ですが、人によって「融合」のとらえ方はさまざまで、具体的にどう融合し、どんな顧客体験をもたらすのか、わかりにくいところがあります。本題に入る前に、いま一度確認しておきましょう。

OMOという言葉は、2017年に元グーグルチャイナのCEOで、現在はシノベーションベンチャーズを率いる李開復（リ・カイフ）氏が提唱した言葉です。同年12月の『エコノミスト』誌に発表されたことで世界中に広まりました。

李氏によると、OMOとは「消費者は常時オンラインに接続され、オンラインとオフラインの境界があいまいになり、両者が融合していく」というコンセプトを指します。

それまでのO2O（Online to Offline）がオンラインからオフラインへの一方通行の送客を表しているのに対し、OMOではもはやオンラインとオフラインの境界があいまいになり、双方を行き来しながら新しい消費体験を生み出すという意味を持っています。

シノベーションベンチャーズ
元グーグルチャイナCEOの李開復（リ・カイフ）が2009年に創業したベンチャーキャピタル。

O2O(Online to Offline)
ウェブサイト、インターネット広告、SNSなど(オンライン）から、実店舗（オフライン）へと送客するマーケティング施策。

たんなる販売促進ではなくカスタマーエクスペリエンス（CX）に重心が置かれているのがポイントです。

とりわけ食品、アパレルなどリアル店舗を持つ小売業界においては、OMOによる新しい顧客体験をいかに生み出すかが、デジタル時代のマーケティング施策における重要課題となっています。

その一例として、オンラインでの接客、飲食店でのモバイルオーダー、ECとリアル店舗の在庫管理の一元化といった施策が一部の企業で実施されています。

ただ、多くの日本企業におけるOMO施策は自社内で完結しており、オンラインは自社ECサイトもしくは専用のスマートフォンアプリ、オフラインは自社店舗と、タッチポイントは限定されている印象があります。アプリで買うか、店舗で買うかの二択しかないイメージです。

「当たり前じゃないか。それ以外に何があるんだ?」と思われるかもしれません。しかし、海外の最新テック企業にとって、そんな「当たり前」はもはや「当たり前」ではありません。**日本のOMOを凌駕する、いわばスーパーOMOを実現しているの**です。

カスタマーエクスペリエンス(CX)
顧客が商品やサービスの購買行動を通じて受け取る体験価値。「顧客体験価値」と訳される。

タッチポイント
マーケティング用語で「顧客と企業との接点」のこと。

「無数のタッチポイント」と「顧客データの統一」で新たな顧客体験を創造

スーパーOMOと日本のOMOの大きく異なる点は、主に2つあります。ひとつはオンライン・オフライン双方における**「タッチポイント」の数**です。

躍進が目立つのは、いわずと知れた「ECの巨人」アマゾンです。レジをとおさずに買い物ができる「Amazon Go」をはじめ、リアル店舗を次々と展開。大手スーパーマーケットも買収しながら、オフラインでのタッチポイントを増やしています。

加えて、ここでも中国テック企業の台頭が目立ちます。オンラインではライブコマース、メタバース、アプリ、SNS。オフラインでは店舗、自動販売機、宅配ボックス、タクシー、ホテルと、双方において多種多様なタッチポイントを設けており、その組み合わせは無数に存在します。

そもそも、中国ではオフラインとオンラインが日常生活に完全に溶け込んでおり、消費者も意識すらしていません。もはやOMOという言葉も使わないほどです。

とりわけ街中で目立つのは、**「自動棚」**と呼ばれる小型の自動販売機。その自動棚のQ

Rコードをスマートフォンで読み込めば、ほしいものをその場ですぐ購入することができます。

導入コストが1万円前後からと安く、法人だけでなく個人も気軽に副業として設置運営し、さまざまなものを販売しています。スマートフォンによるアナリティクスが直感的でわかりやすく、収益や売上をリアルタイムで確認できます。

スーパーOMOのもうひとつの特徴は、**オフライン・オンライン双方での顧客IDが統一されており、顧客データが完全に同期されていること**です。

そのため、顧客一人ひとりの消費趣向や購買行動の解像度を高め、よりパーソナライズされた顧客体験を実現することができます。

これらの「無数のタッチポイント」と「オンライン・オフラインにおける顧客データの同期」によって、顧客一人ひとりの行動特性を浮かび上がらせ、これまでとはまったく異なる顧客体験を生み出しているのが、これらの最新テック企業が実践する**「スーパーOMO」**です。

本章では、その「スーパーOMO」の顧客体験を生み出しているアマゾンとウォルマート、そして中国テック企業の事例を取り上げます。

スーパーOMOを
導入している
世界最先端の
テック企業

1

アマゾン「Amazon Go」とウォルマート「インホーム・デリバリー」

スーパーOMOで新たな顧客体験を創造し続ける「ECの巨人」と「小売の巨人」

アマゾン
米シアトルを本拠地とするグローバルテック企業。世界最大のECプラットフォーム「Amazon.com」を運営する。

ウォルマート
米アーカンソー州を本拠地とする世界最大規模のスーパーマーケットチェーン。1962年創業。

「レジなし」で買い物体験ができる「Amazon Go」

多くのメディアが常にその一挙手一投足に注目する「ECの巨人」アマゾン。OMOの最新事例を語る上でも、王道ではありますが、そのアマゾンが展開するリアル店舗戦略に触れないわけにはいきません。

「あのアマゾンがリアル店舗に進出するらしい」——2016年12月、世界の小売業界に激震が走りました。アマゾンが、レジのないコンビニエンスストア「Amazon Go」の運用を開始すると発表したのです。

試験運用期間を経て、2018年1月、シアトルにAmazon Goの第1号店がオープン。

以降、アップデートを繰り返しながら、このAmazon Goをアメリカだけで27店舗まで拡大しています（2022年9月現在）。

Amazon Goの仕組みを説明しておくと、まず利用にあたってはアマゾンのアカウントを発行し、Amazon Goのアプリをスマートフォンに入れておきます。そして、入店時にこのアプリでQRコードを表示すると、入場ゲートのセンサーが読み取り、個人認証されて入店することができます。

店内には、スーパーやコンビニにあるはずの「レジ」がありません。顧客はピックアップした商品を袋に詰め、そのままゲートを通過するだけで自動的に決済が完了します。

これが、アマゾン独自のシステム「ジャスト・ウォーク・アウト」です。つまり、**レジで買った商品をスキャンする必要がなく、そのままゲートを出るだけで買い物が済んでしまいます**。そして、Amazon Goのアプリには購入した商品の履歴が記録されます。

この「ジャスト・ウォーク・アウト」を可能にしているのが、店内の天井などに内蔵されたＡＩカメラと重量センサー。顧客がどの商品をピックアップしたかを正確に解析するので、商品を持ったままゲートを出ることができるのです。

ちなみに誤解を招きやすいのですが、このAmazon Goは「無人店舗」というカテゴリー

［図6-1］ Amazon Goの店舗

出所：Amazon

［図6-2］ アマゾン独自のシステム「ジャスト・ウォーク・アウト」

出所：Recode

でよく語られています。ところが、実際に行ってみると店内には複数のスタッフが常駐しており、買い物をサポートしてくれます。**「レジなし店舗（またはウォークスルー店舗）」**といったほうがより正確でしょう。

手を替え品を替え「スーパーOMO」を追求する

このAmazon Goをはじめとするアマゾンのリアル店舗の歴史は、2015年のアマゾン初のリアル書店「Amazon Books」に始まります。その後の歩みをあらためて整理してみると図6-3のとおりとなります。

あらためて見てみると、アマゾンがいかにリアル店舗の取り組みに注力し続けてきたかがわかります。このほかにも、2017年にはアメリカで500店舗以上を展開する食品スーパーチェーン「ホールフーズ・

［図6-3］ アマゾンのリアル店舗展開

年	カテゴリー	店舗の特徴
2015	Amazon Books	アマゾン初のリアル店舗である書店チェーン
2017	Amazon Pop Up	日本やイギリスなどにオープンしたポップアップストア
2018	Amazon 4-Star	評価が星4つ以上の人気商品などをそろえる
2018	Amazon Go	アマゾン初のレジなし店舗
2020	Amazon Fresh	生鮮食品スーパー （生鮮食品の即日配達サービスをリアルへと拡張）
2020	Amazon Go Grocery	Amazon Goの大型スーパーマーケット版
2022	Amazon Style	アマゾン初のアパレルのリアル店舗

マーケット」を買収するなど、その本気度がうかがえます。

一方で、2022年3月にはアメリカとイギリスの「Amazon Books」「Amazon 4-Star」「Amazon Pop Up」の店舗を閉鎖する予定であることを明らかにしました。

日々収集されるデータを見ながら、業績が伸び悩む、あるいは役割を終えたと判断したカテゴリーに関しては潔く諦めて「次の一手」に移るスピーディな意思決定は、最先端テック企業に共通する特徴といえます。

アマゾンが誇る「ジャスト・ウォーク・アウト」のシステムも、トライ&エラーを繰り返しながら年々進化を遂げています。

2020年にはカメラと重量センサーを搭載したショッピングカート「Amazon Dash Cart」を導入。カートのディスプレイで商品を確認し、Dash Cart専用レーンを通れば自動的に精算が完了します。

日本でもイオンなどが「スキャン&ゴー」型と呼ばれるスマートレジカートを導入していますが、日本の「スキャン&ゴー」型のカートが取っ手にバーコードスキャナーを搭載しているのに対し、「Amazon Dash Cart」はカゴにスキャナーや重量センサーが搭載されているので、スキャンのし忘れがなく万引き防止対策も強化されています。

導入コストは高いものの、万引きが行われにくい「Amazon Dash Cart」と、導入コストは低いが万引きや入力し忘れが起きる可能性が低くない「スキャン&ゴー」型のカート。商品を入れるだけのカートの違いですが、こういうところにも、**データとしての正確性を高めて次のサービスに応用したいという最先端テック企業の考えと、実業として使えることを重視するという日本企業的な思考の差**が浮かび上がってきます。

どこで利益を上げるのか、どこに価値を見出すかで、その後の戦略も変わっていくのです。

２０２１年には生体認証システム「Amazon One」を発表。手のひらの情報をあらかじめ登録しておけば、入店時に手のひらをリーダーにかざすだけでゲートが開くという非接触型のＩＤサービスで、こうなるとスマートフォンすら不要になります。

この「Amazon One」は、今後「Amazon Go」をはじめとするリアル店舗に順次導入される予定です。

なお、２０２０年からはこの「ジャスト・ウォーク・アウト」のシステムの外販を開始しており、自社店舗だけでないリアル店舗にも「レジなし店舗」を拡充し

[図6-4] 手のひらをかざすだけで決済が完了する

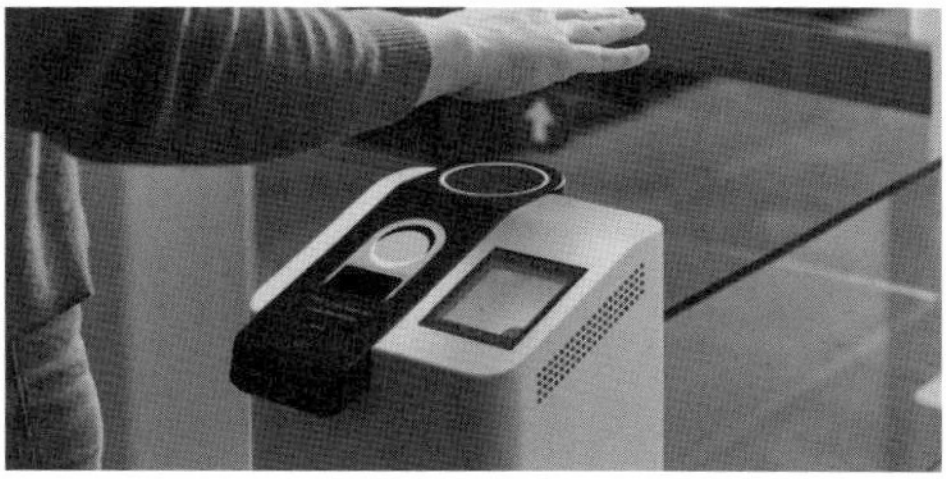

出所：Amazon

ようとしています。

最新テクノロジーの粋を集めた「スーパーOMO」の新店舗

そのアマゾンの「次の一手」が、**2022年5月にカリフォルニア州グレンデールにオープンしたアマゾン初のアパレル店舗「Amazon Style」**です。「Amazon Style」は、アマゾンがこれまでECやリアル店舗で培ってきたテクノロジーの粋を集めた新店舗です。

店頭にディスプレイされた商品の近くにあるQRコードを読み取るとアマゾンのショッピングアプリが起動。商品を試着したい場合は、そのアプリから色やサイズを選択すると、店内のフィッティングルームにその商品が届けられます。フィッティングルームで複数の商品を試着し、購入する商品だけを選択。購入しないものはそのまま置きっぱなしにしても大丈夫です。

もちろん、「Amazon One」をはじめ「ジャスト・ウォーク・アウト」のシステムも採用しています。

「Amazon Style」のバックヤードはアマゾンのフルフィルメントセンター（出荷用の倉庫）と同じ技術・プロセスを導入しており、アプリで試着したい商品を選択してからフィッティングルームに商品が届けられるまでわずか数分で完了します。また、同規模の店舗の2倍以上の在庫をそろえることができます。

さらに、アプリに好みのスタイルやフィット感などの情報をフィードバックすると、その情報をアマゾンのAIに機械学習させ、よりパーソナライズされたコーディネートの提案を受けることも可能です。

たんなる省力化・効率化にとどまらず、**オンライン・オフラインで収集したデータを活用してパーソナライズされた顧客体験**を生み出す。これが、アマゾンが実現しようとする「スーパーOMO」の姿です。

［図6-5］「Amazon Style」の店舗

出所：Amazon

ライバル・ウォルマートは「冷蔵庫まで」商品が届く究極のECで対抗

このアマゾンのリアル店舗戦略とは対照的なOMO戦略を実践しているのが、リアルにおける「小売業界の巨人」、ウォルマートです。

2019年にウォルマートがローンチしたサービスが「インホーム・デリバリー」。ウォルマートのECサイトで注文した商品を、**配達員が直接自宅に届けるだけでなく、室内に上がって冷蔵庫に入れるところまでしてくれる**というものです。

驚くべき点は、注文したユーザーが不在であっても、自宅に入って届けてくれること。インホーム用のスマートロックを購入し、配達員がワンタイムパスワードを受け取って解錠し、家の冷蔵庫などに注文した商品を直接搬入します。

セキュリティが気になりますが、配達員の制服には複数のウェブカメラが装着されており、ユーザーが納品時の映像をリアルタイム、またはアーカイブで確認することで信頼を担保しています。

そして、この「インホーム・デリバリー」の配達員はすべてウォルマートの社員で、しかも通常の店舗スタッフより給与の高い上級職と位置づけています。「インホーム・デリバリー」の配達員に高いステータスを付与する人事施策によって、顧客への信頼の醸成と人員確保につなげようとしています。

この「インホーム・デリバリー」は、OMOというよりはO2Oの進化版といったほうが正確かもしれません。

しかし、オンラインで買った商品がダイレクトに自宅の冷蔵庫にまで届けられるという意味では「究極のEC」ともいえるのではないでしょうか。

アマゾンとウォルマートはこれまでも「EC対リアル店舗」という構図で何かと比較される関係にありましたが、この（広い意味での）OMOのアプローチもじつに対照的です。

アマゾンはオンラインで得た技術やノウハウを徐々にオフラインの世界に拡張させながら、双方

［図6-6］家主不在でも冷蔵庫まで商品が届けられる

出所：Walmart

の顧客データを融合させ、よりパーソナライズされたあなただけの顧客体験を生み出そうとしています。

対して、ウォルマートは配達員を直接雇用しながらＥＣの物流システムをも内製化し、かつ自宅の冷蔵庫にまで届けるという、「究極のＥＣ」を実現しようとしています。

ＥＣのアマゾンがオフラインに注力し、リアル店舗のウォルマートがオンラインに注力する――この「逆転現象」が起こっているという意味でも興味深い事例です。

スーパーOMOを導入している世界最先端のテックサービス

2 中国の「自動棚」

サプライチェーンの効率化と「規模の経済」で拡大する無人コンビニの進化形

アマゾンに先行した「無人コンビニ」の衰退

先にAmazon Goの事例を紹介しましたが、じつはそのアマゾンに先駆け、２０１６年

８月に世界初の「無人店舗」として登場したのが中国の「ビンゴボックス（Bingo Box）」という無人コンビニエンスストアです。

その仕組みは、WeChatのＩＤを使って入店し、ＲＦＩＤタグのついた商品をレジに載せてスキャンし、WeChat Payやアリペイで決済するというもの。

先ほどのAmazon Goとは、「無人であること」「レジでスキャンすること」の２点でそもそものビジネスモデルは大きく異なります。

この画期的な無人コンビニは、話題性も手伝って一時は４００店舗まで店舗数を伸ばしました。ところが、２０１９年以降はパタッと出店ペースが落ち、いまではその名前をほとんど聞かなくなってしまいました。

「複雑な入店手続きが敬遠された」など、巷間ではその衰退の原因はいろいろ噂されていますが、事実として、「ビンゴボックス」に代表されるコンテナ型の無人コンビニがだいたい失敗しています。

無人店舗は購入数量が多ければ多いほど「規模の経済」が働き、仕入れ・物流コストを下げられるビジネスモデルゆえに、一定の需要を確保できないかぎり存続が難しかったであろうことは容易に想像できます。

それからさらに数年が経ったいま、中国の無人コンビニは完全に衰退してしまったので

ビンゴボックス（Bingo Box）
中国のベンチャー企業が２０１６年に開設したコンテナ型の無人店舗。

ＲＦＩＤタグ
電波や電磁波を用いて、内蔵したメモリのＩＤ情報を非接触で読み書きする情報媒体。ＲＦＩＤは「radio frequency identification」の頭文字を取った用語。「ＩＣタグ」とも呼ばれる。

しょうか？

いえ、じつはそんなことはありません。**「自動棚」と呼ばれる、ミニサイズの無人コンビニビジネスに形を変え、広く普及しています。**そしてその「自動棚」が無人コンビニをさらに進化させ、スーパーＯＭＯが実現しています。

「いまこの瞬間にほしいもの」が簡単に手に入る

日本の自動販売機のようなものからミニサイズのボックスタイプまで。いま、中国の街中ではさまざまな種類の自動棚を見かけます。

病院、空港、オフィスビル、オフィス、学校など、とりわけ人通りのトラフィックの高い公共の場に、自動販売機はもちろん多くの小型自動棚が設置されています。

中国の都心部に勤務するオフィスワーカーは忙しく、もはや店舗に行くことも煩わしいと感じています。

そんなオフィスワーカーに**「ほしいものがすぐ買える」顧客体験を提供する自動棚**が支持を集めています。その自動棚から代表的なものをいくつか見てみましょう。

たとえば薬を販売する自動棚は、真ん中のタッチパネルから薬を選択すると、箱の中から薬が出てきます。薬剤師ともタッチパネルで遠隔で相談できます。万が一在庫が切れている薬や、そもそもそこにない薬であっても、配達サービスと連動しているので、ボタンを押せば基本的に30分以内に届けてくれます。

これらの自動棚にはカメラと重量センサーが搭載されており、購入した商品の重量を感知し、その差分を拾って、代金を請求するシステムになっています。したがって、箱に入るサイズであれば何でも自動棚で販売することが可能です。

自動販売機といえば、商品の補充作業がつきもの。しかし、これらの自動棚では欠品した商品の補充は事業者がすべてやっているわけではなく、自動棚を設置するマンションやオフィスの管理人などにアウトソーシングしています。受託した人は時限つきのキーでQRコードを読み込み、自動棚を開けて商品を補充します。その動作もすべてデータで収集され、そのデータにもとづいてフィーが発生する仕組みになっています。

また、ウォーターサーバーの自動棚では、マン

［図6-7］ 薬を販売する自動棚

出所：TCN中吉

ションの地下などにボトルを保管し、マンション管理人に充填を委託しています。ウォーターサーバービジネスにおいてコストの大半を占めるのは配送コスト。マンションを物流拠点とすることで配送コストを抑えているのです。

［図6-8］
販売状況はすべてデータで管理される

出所：TCN中吉

このように、**管理や補充をアウトソーシングすることによって中間工程をバイパスし、サプライチェーンを最適化しながら利益率を高めている**のが中国の自動棚のビジネスモデルです。

同時に、人々が往来するトラフィックの高い場所に設置することでタッチポイントを増やし、高い収益を確保しています。

スーパーOMOを陰で支える「スーパーアプリ」

「あれ、こんなところに自動販売機あったっけ？」

中国に行くたびに、街中で目にする自動棚の種類と数に驚かされます。現地の人に聞いてみると、中には事業者が黙って置いていくこともあるようです。特に人の往来の多い都心のエリアは、自動棚の事業者による「陣取り合戦」の様相を呈しています。

この**自動棚が増えれば増えるほど、顧客とのタッチポイントが増え、多くの購買データが収集されていきます。**また、先に述べたように**「規模の経済」が働き、仕入れコストが低減されていきます。**「陣取り合戦」になるのも自然なことなのでしょう。

この**自動棚ビジネスを陰で支えているのが、これまでも紹介してきた中国のモバイル決済アプリ**です。

特にアリババグループの「アリペイ」と、テンセントの「WeChat Pay」の二大アプリは、無数のサービスを「ミニアプリ」として束ねるプラットフォーム「スーパーアプリ」と化しています。

アリペイのアプリを開くと、メッセンジャー、SNS、ニュースアプリなどあらゆる「ミニアプリ」のメニューが並んでいます。アリペイが決済プラットフォームの役割を果たしているので、一つひとつのアプリをインストールし、登録する手間がかかりません。

スターバックスならスターバックスのアプリ、ユニクロならユニクロのアプリをいちいち開かなくても、アリペイかWeChat Payを開けば、あらゆるサービスアプリに自動的にアクセスできるのです。

このスーパーアプリが、**オンライン上のアカウント情報をすべてひとつに統合しています。**

さらに自動棚や宅配サービス、飲食店などのオフラインのデータも収集し、オンライン上のアカウントに紐づけています。オフラインでの購買履歴が、オンラインでの購買履歴と勝手に結びつき、ひとつの購買履歴として同じアカウント上で完全に「マージ（融合）」され、一括管理されるのです。

この**オフラインとオンラインの境界を取り払った購買データが、ミニアプリとして入っている各アプリとも共有され、送客効果とともにパーソナルな顧客体験を実現**します。

第4章でも紹介した人気ティードリンクスタンドの「ヘイティー（喜茶）」も、アリペイ上にミニアプリを設ける企業のひとつですが、提携後の2か月間でMAUが15倍に増加。リピート率も5倍に上昇したそうです。

ケースから見える「スーパーＯＭＯ」の特徴

特徴１　無数のタッチポイントから膨大な顧客データを取得

世界のテック企業が実践するスーパーＯＭＯの特徴は、**オンラインだけでなくオフラインにおいても無数のタッチポイントを設けることで、消費者の多様なニーズに応えている点**にあります。

アマゾンは、「Amazon Go」をはじめとする自社店舗や大手スーパーマーケットの買収などによってそのタッチポイントを増やし、中国では「自動棚」のようなオフラインサービスが街のいたる所に設置され、それぞれスマートフォンを通じて購買データが日々取得されていきます。

オフラインのタッチポイントにおいては、たんなる購買データだけでなくさまざまなデータを、AIなどを通じて取得することができます。

アマゾンが展開する「ジャスト・ウォーク・アウト」のシステムでは、店内に設置されたAIカメラによって、「どの商品を手に取って棚に戻したか」「どの動線を何秒で歩いたか」「どのポイントで何秒立ち止まったか」といったデータも取得され、品揃えや商品配置の最適化といった施策、さらには出店戦略などにも活用されています。

特徴2 「スーパーアプリ」がオンラインとオフラインの境界を取り払う

日本の小売企業が進めているOMO施策には、店舗で注文した商品をECで受け取る、アプリでクーポンを受け取って店舗まで買いに行く、といった「オフラインからオンライン（またはその逆）」の一方通行の連携にとどまっているものが散見されます。これは、オンライン・オフライン双方のIDが分離されていることにも原因があります。

しかし、世界のテック企業では**ひとりの顧客についてオンライン・オフラインの購買履歴・行動履歴が本当の意味で「融合」しており、双方における顧客行動をより解像度高く把握し、パーソナライズされた顧客体験へと結びつけています。**

特に中国では、アリペイやWeChat Payのような「スーパーアプリ」によってこれらの購買データがすべて統合され、「誰が、いつ、どこで、何を買ったか」のデータがオンライン・オフライン問わず一元化されています。消費者としても、オンライン・オフラインの垣根を意識しないレベルにまで融合されています。

第5章で「決済事業者がピラミッドの頂点に立つ」という展望をお話ししましたが、「決済を持っているところが強い」ことにはアマゾンももちろん気づいていて、近年では決済会社のペイパルとの提携を強化しています。

アメリカでもアリペイのような「スーパーアプリ」が台頭し、ＯＭＯの流れを加速させる日が近いかもしれません。

特徴3 「オンライン起点」のアメリカ、「オフライン起点」の中国

アマゾンと中国の「自動棚」、それぞれのケースで最新テック企業のＯＭＯ戦略を並べてみると、さまざまな軸で対比ができることに気づきます。

アマゾンのリアル店舗戦略は、ＥＣの世界観やＥＣで培われたテクノロジーをリアル店舗で再現するという、いわばオンラインの世界をオフラインへと拡張させる動きと見てとれます。

一方、中国のテック企業のケースでは、自動販売機や宅配サービス、飲食店といったオフラインの世界が、アリペイのようなスーパーアプリによってオンライン化しています。その意味ではまったく対照的な進化を遂げているように見えます。

もうひとつの違いは、ＯＭＯ戦略にかぎられないのですが、アマゾンの場合はＥＣで覇権を握ったあとに、オフラインの世界にも進出し、最新のテクノロジーを武器に「領土」を拡張しようとしている動きにも見えます。これはアマゾンだけでなく、ＧＡＦＡと称されるアメリカのテックジャイアント全般に当てはまる特徴かもしれません。

対して、中国の場合は20代から30代の若者が「こういうサービスがあったらいいよね」という若い感性でどんどん起業し、最終的に「アリババ」「テンセント」のいずれかの陣営に入る、というボトムアップの動きが強いように思います。アリババ、テンセントも数百というスタートアップを支援し、若者の起業を後押ししています。

自由主義国家のアメリカがよりメガテック主導型で、社会主義国家の中国がよりベンチャー主導型という意味でもおもしろい対比です。

第7章

定価にこだわらず利益を最大化する値付けをしている

KEYWORD

ユーザー起点型ダイナミック・プライシング

AIによって加速するダイナミック・プライシングの波

時期や時間帯、予約のタイミングなど、商品やサービスの需要の多寡に応じて価格を変動させる仕組みを「**ダイナミック・プライシング**（Dynamic Pricing：**変動料金制**）」といいます。

ダイナミック・プライシング、と聞くと近年のトレンドのように聞こえますが、じつは古くからある価格設定モデルで、特にホテルや航空券などにおいては伝統的にダイナミック・プライシングを採用しています。

ホテルの価格は、週末は平日にくらべて2、3割高く、ゴールデンウィークやお盆休み、年末年始などはさらに2倍近い価格になることもあります。航空券も同様で、季節に応じて価格を変動させており、さらに早朝や深夜は比較的安くなります。「早割」など、予約したタイミングによっても価格差を設けています。

ホテルや航空券に共通するのは、供給量があらかじめ決まっており、物理的に増やせないこと。

したがって、需要が高まる時期や時間帯には価格を上げ、需要が少ない時期には稼働率を高めるために価格を下げる、と繁閑に応じた価格調整によって収益の最適化を図っています。

そのダイナミック・プライシングですが、近年ではこういったジャンルを超えて、スポーツ観戦やアーティストのライブチケットから鉄道、電力などの生活に身近なインフラまで幅広く検討、または導入されています。

国土交通省も、２０２２年7月に鉄道運賃・料金制度のあり方に関する小委員会で、中間取りまとめを公表し、鉄道事業者の経営環境や利用ニーズに応じて運賃設定の自由度を高める必要性などに言及しています。

ダイナミック・プライシングが普及しつつある背景には、ＡＩのアルゴリズム解析技術の発達によって需要予測の精度が高まったことが挙げられます。

たとえば、コンサートやスポーツ観戦などにおいては、過去のチケット購入履歴データから、ディープラーニングで価格を個別に設定することが可能になっています。

こうした過去の購入履歴・予約履歴から需要予測を行う伝統的なダイナミック・プライシングの形式に加え、近年、**新たなファクターによって価格を変動させるダイナミック・プライシング**が登場しました。そのファクターとは「**人**」です。

これまでも再三見てきたように、中国のテック企業の背景にはアリペイ、WeChat Payの「二大スーパーアプリ」が日々収集・蓄積する膨大な決済データがあります。

この「誰が、いつ、どのような買い物をしたか」という決済データから、「人」を見て価格を決定しているのです。

それに加えて、ライドシェア（ドロップタクシー）や駐車場などのジャンルにおいては、在庫や残り台数などに合わせて自動で価格を決定したり、グルメやホテルなどほかのサービスとのパッケージで価格を提示しています。

そうなるともはや**「定価」という概念は存在しなくなり、「お買い得」「損」という感覚さえもなくなりはじめています。**

「顧客ニーズ」を起点とする最新版ダイナミック・プライシング

膨大な決済データを背景に、「人」に紐づいたダイナミック・プライシングを展開する最先端テック企業。そこには、従来のダイナミック・プライシングと比較して、設計思想に違いが見られます。

一般的なダイナミック・プライシングは「需給バランスの均衡」に重きが置かれています。おおもとの商品・サービスの原価が決まっており、その原価から一定の利益率を確保するために需給バランスを調整する、という発想です。

この「原価から計算する」という手法は、換言すればプライシングの決定権を企業が掌握しているといえます。

対して、**最新のダイナミック・プライシングは「顧客ニーズから計算する」という設計思想にもとづいています。**商品やサービスを提供する企業が提示する価格に購入する側が応じれば、その価格こそが「正しい価格」である、との考えです。

そういう意味では株式市場のような自由取引のマーケットで売買が成立するシステムに近く、プライシングの決定権が企業から「ユーザー」に移っているともいえます。本書では「**ユーザー起点型ダイナミック・プライシング**」と呼ぶことにします。

このようなユーザー起点型ダイナミック・プライシングの手法には、同じサービス水準、時期、タイミングでも人によって提示される価格が異なるので、公平性の観点から否定的な声も少なくありません。

一方で、ビジネスの観点では、従来のダイナミック・プライシングにくらべて高い収益を確保することができる利点があり、学ぶべきところは少なくありません。

本章では、その最新のダイナミック・プライシングの導入事例を紹介し、技術面だけでなく、そのビジネスモデルのポイントを解き明かしていきたいと思います。

ユーザー起点型
ダイナミック・
プライシングを
導入している
世界最先端の
テックサービス

1 ホテル予約サイト

「人」に着目したダイナミック・プライシングで収益を最大化

AIによって数千通りのプライシングを自動化

まず、中国のホテル業界におけるダイナミック・プライシング事情から見ていきましょう。

前述したように、ホテル業界では供給量があらかじめ決まっていることから、需給バランスを調整する手段として古くからダイナミック・プライシングを採用し、利用者にも浸透しています。

しかし、実際に過去の稼働率や価格データを活用してダイナミック・プライシングを実行するのは簡単なことではありません。

たとえばハイ、ミドル、ローの３つの価格帯でプライシングを行うとなると、平均的なホテルでも20くらいのプランがありますから、３×20＝60通り。すると、１００店舗を展開するホテルチェーンであれば６０００回も検討しなければならず、マンパワーでこなすのは現実的とはいえません。

そこで、**最先端のホテルチェーンではＡＩを導入し、この６０００通りのプライシングを自動化**しています。プログラミングされた価格設定ルールをディープラーニングによってＡＩに学習させることで、**最適な価格設定を実現すると同時に人件費を削減し、収益の最大化を図っています。**

決済データを活用し、「人」に応じて異なる価格を提示

ただ、このＡＩによるダイナミック・プライシングは、時期や平日・週末の繁閑という従来のファクターにもとづいて価格を変動させており、その点で目新しさはありません。

中国ホテルのダイナミック・プライシングがさらに進化しているのは、そこに「人」というう新たなファクターが加わっている点です。

とりわけ、それをうまく実践しているのは、複数のホテルの予約窓口となっている「予約サイト」です。日本では「じゃらん」「楽天トラベル」のようなイメージです。

予約サイトでは、登録しているホテルのすべてにおいて、ホテルの予約履歴、リピート率、購入価格などの膨大なユーザーデータを持っています。そこに、さらに加わるのがこれまでもたびたび登場したアリペイ、WeChat Payといった決済アプリの決済データです。

その**決済データによってユーザーの消費性向を見ながら「この人なら、この時期はこの価格でも買ってくれるだろう」という傾向を分析**します。その傾向をもとに、ある日のある部屋の通常価格が1万円であれば、新規ユーザーなら8000円、逆に購買力の高いリピートユーザーなら1万2000円と、**異なる価格を提示する**のです。

また、その1万円のホテルを1万2000円で販売する際、同時に2000円のクーポンを発行するといった施策を行います。そうすることで、ユーザーとしては実質1万円で購入できるので「1万2000円」という価格に対する心理的な抵抗は緩和されます。このようにダイナミック・プライシングとクーポンの併用によって、言葉は悪いですが、ユーザーを「教育」するような手法をとっています。

こうして、ホテル予約サイトでは**経済力、リピート率、ニーズといった「ユーザー起点」のファクターによって巧妙にプライシングを変えることで、収益の最大化を図っている**のです。

じゃらん
株式会社リクルートが発行する旅行専門雑誌。1990年創刊。1999年には旅行サイト「じゃらんnet」の前身「ISIZEトラベル」を立ち上げ、宿泊施設のオンライン予約サービスを開始。

楽天トラベル
楽天グループ株式会社が運営する宿泊・航空券のオンライン予約サイト。

ロイヤルカスタマーほど割高になる、従来のマーケティング施策とは真逆の発想

それだけでなく、この予約サイトのしたたかなところは、実際にいくらで販売したかをクライアントのホテル側には一切知らせていないことです。

たとえば、予約サイトがあるホテルから1万円の部屋の販売を受託されたら、ホテル側が把握している価格は1万円という「仕入れ値」のみです。

「仕入れ値」が1万円の部屋が売れたら、予約サイトの販売手数料が20％であれば2０００円を手数料として受け取り、差額の８０００円をホテル側に売上として支払います。

ところが、実際には1万2０００円で販売したとすると、結果として倍の4０００円のマージンが懐に入るというわけです。ただ、この部屋が1万2０００円で売れたという事実は、「仕入れ先」のホテル側は一切知りません。

このような仕組みで巧みに利益を上乗せすることによって、ホテル予約サイトでは収益の最大化を図っています。平均10％の価格積み上げを実現しているホテル予約サイトもあります。

一般的なマーケティング施策でいえば、リピート購入してくれるような「ロイヤルカスタマー」は、むしろ割引などで優遇するのが普通でしょう。航空会社のマイレージサービスなどはそのような考え方に立脚しています。

ところが、中国のホテル予約サイトのような手法は、むしろ**「リピート購入してくれるユーザーなら、それだけサービスを欲しているのだから少々高くても買ってくれるだろう」という発想で割高な価格を提示する**イメージです。

ある意味「ロイヤルカスタマー」が割を食うことでもあり、違和感をおぼえる読者もいるかもしれません。

事実、中国国内では「ビッグデータ殺熟」という言葉とともに、こういった「人」によって価格を変動させるダイナミック・プライシングが批判の対象になっているようです（「殺」は冷遇すること、「熟」は常連客の意）。

しかしながら、「定価」や「原価率」などの従来の概念にこだわらずに収益を最大化している中国テック企業を見ていると、原材料費や人件費などのコスト増を価格になかなか転嫁できずに苦しんでいる日本企業の姿とは対照的に映ります。

ちなみに、視点を変えてみると、ロイヤルカスタマーは必ずしも割を食うわけではないとわかります。

ビッグデータ(Big Data)
人間では全体を把握することが難しい巨大なデータ群のこと。

たとえ価格が割安でなくなっても、ダイヤモンド会員のように違うサービスを受けられるようになります。受付するカウンターが通常会員と違ったり、部屋や食事内容のアップグレード、セールの開始時間が早い、映画館の席の予約が有利など、ある種の優遇対応が受けられます。

ロイヤルカスタマーは割安で購入できるのでなく、気持ちよく購入できる点を差別化しているのです。

ユーザー起点型
ダイナミック・
プライシングを
導入している
世界最先端の
テックサービス

2

スマート駐車場

都市部の駐車場問題をダイナミック・プライシングで解消！
スマホで完結する次世代駐車システム

深刻化する中国の「停車難」を解決する革新的な方法

２つ目に紹介するのは、駐車場におけるダイナミック・プライシングの事例です。

近年、中国では多くの国民がマイカーを所有するようになり、自動車の保有台数が急増しています。中国公安部が明らかにしたところでは、自動車保有台数は2022年12月末時点で3億1900万台となっています。2010年には約6000万台だったので、この10年あまりでじつに5倍に増加したことになります。

とりわけ急速に発展した都市部の中心地域においては、このような自動車需要の増加に対して駐車場の供給が圧倒的に不足する事態となり、「停車難」という言葉も生まれるほど深刻な問題となっています。

数年前には、「国土が狭く、中国より人口あたりの自動車保有台数の多い日本では駐車場不足は起こっていない」「立体駐車場や2段にリフトアップできる駐車場など、狭いスペースに多くの車を駐車している」など、日本の駐車場に中国も学ぶべき、との論調もありました。

確かに、日本の場合は、狭い国土の中でいかに効率的に駐車スペースを生み出すかという視点で、立体駐車場などの仕組みが発達した歴史があります。対して、中国の場合は、日本とは異なる方法で「停車難」の問題に挑んでいます。

それは、「駐車場資源には限界がある」ことを前提に、稼働率を高めて需給バランスを最適化するアプローチです。そのカギが、**最新のテクノロジーを駆使した「スマート駐車場」**です。

ＱＲコードと小さな専用デバイスでラクラク導入！
都市部で普及するスマート駐車場

実際に、中国の街中で普及しているスマート駐車場の一例を紹介します。

もっとも典型的なスマート駐車場は、ＱＲコードを読み取るとバーが上がってゲートに入れるというものです。帰りはただ出ていくだけで、入場時刻・退場時刻の差分から駐車時間を計算し、自動的に料金が支払われます。

より簡易なシステムとしては、小さなハードルのような仕切りを設置し、そこにＱＲコードを貼りつけただけのものがあります。そのＱＲコードで決済するのですが、近くにカメラが設置されており、料金を支払っていないとあとで罰金を徴収されます。

なお、駐車場だけでなく、駐車違反の取り締まりもＱＲコードを読み取るだけでその場で罰金が支払われます。警察や取締委員がその場でＱＲコードを提示し了解したらその場で決済をします。「いまお金がないのであとで払う」といった言い訳が通用せず、取りっぱぐれがありません。しかも、ＱＲ決済をすることで、警察や取締委員のスコア管理も兼

［図7-1］ QRコードを読み込むだけで使える駐車場

出所：山东现

［図7-2］ 罰金もQRコードで徴収

出所：百家号

ねているので、非常に効率的です。

こうしたスマート駐車方式を採用することで、中国の都市部では駐車場資源を最大限に活用し、駐車場稼働率を向上させています。そして、その稼働率の向上を図る中で発展したのが、スマート駐車場のダイナミック・プライシングのシステムです。

具体的には、ＱＲコードを通じて収集された駐車場車両のアクセスデータを稼働率の分析に活用し、駐車場のエリアごとに料金の調整が必要かどうかをＡＩが自動的に判断し、価格を提示します。

たとえば20台のキャパシティの駐車場があるとすると、入口の遮断機が20台分上がって、出口の遮断機が5台分上がったというデータが、センサーなど大掛かりな設備がなくてもＱＲコードのデータから取得できます。

したがって「いま15台が駐車していて5台が空いている」ことが簡単に、かつリアルタイムで把握でき、このデータをＡＩが自動解析することで、台数に応じた価格調整をしているのです。

１９９４年に日本企業が発明したＱＲコード。このＱＲコードを最大限に活用し、じつに簡単に、かつローコストでデータを取得しながら駐車場のダイナミック・プライシングを実現している中国のテック企業の発想の柔軟さにはあらためて驚かされます。

SDK連携でシェアを伸ばす「スマート駐車場アプリ」

さらに、最先端の中国の駐車場システムは、もはや**「駐車料金を支払ったかどうかも意識させない」レベルまで進化しています。**その例として、「ETCP」というスマート駐車プラットフォームを紹介します。

2012年に創業したETCPのスマート駐車システムは、中国の複合商業施設、交通の要所、病院、観光地、公共施設など8000か所以上の駐車場で採用されています。登録自動車所有者は約3300万人、月間アクティブユーザーは1000万人を超え、スマート駐車場のユニコーン企業として注目されています。

そのETCPは、自動開閉式のゲートバーと、スマートフォンによる駐車料金の自動決済の機能を併せ持った、簡易型のスマート駐車場システムです。

その専用アプリを開くと、ETCPのスマート駐車場がマップ上にあらわれ、周辺エリアにおける駐車可能台数がたとえば「1500台のうち786台」のように数値で表示されます。

さらに、マップ上には駐車料金も、駐車場ごとに「10元」「5元」などと表示されます。

この料金ももちろん空き状況に応じて自動的に変動します。

ただ、本当に刻々と変動するので、30分前には「5元」と表示されていた駐車料金が、いざ着いたときには「15元」などと値上げされていることもあります。そこで、駐車場を事前予約することで、その時点での価格がロックされるシステムを採用しています。

そして、ＥＴＣＰのアプリには自動決済の機能もついているので、駐車場を利用し、出るだけで勝手に決済が完了しています。もはや支払ったことも利用者に意識させない仕組みになっています。

そして、このＥＴＣＰの大きな特徴は「**ＳＤＫ**」というオープンインターフェースにあります。

ＳＤＫとは「Software Development Kit（ソフトウェア開発キット）」のことで、特定のシステムに順応したソフトウェアを作成するために必要なプログラムをまとめ、パッケージ化したものを指します。

ＡＰＩ（Application Programming Interface）と似ていますが、ＡＰＩがソフトウェアに接続する「ジョイント」のみを提供するのに対し、ＳＤＫはそのソフトウェアを構築するためのキット一式を提供する、といえばわかりやすいでしょうか。

ソフトウェア（Software）
コンピュータやスマートフォンなどの電子機器に搭載されたプログラムのこと。パソコンやスマートフォンを動かす「ＯＳ」、特定の機能に特化した「アプリケーション」などがある。

ＡＰＩ（Application Programming Interface）
ソフトウェアやアプリケーションなどの一部を外部に向けて公開することにより、第三者が開発したソフトウェアと接続し、機能を共有できるようにする仕組み。

このオープンなＳＤＫインターフェースを活用して、地図アプリなど多くのサービスアプリでもＥＴＣＰのアプリが組み込まれています。

実際には「ＥＴＣＰ」の名前が出なくても、ＥＴＣＰのアプリとして使用することができます。地図や決済アプリの名前で駐車場システムをそのアプリ内につくり、それぞれのアプリの名前で代金も変えて運用していくわけです。

日本で考えると、たとえばPay Payのアプリを開くと、見慣れた操作画面の中に、ＳＤＫを使って動かされる駐車場のアイコンが出てくるようなイメージです。

つまり、**アプリの入れ子構造**がつくられるのです。

こうして、ＥＴＣＰでは多くのアプリとＳＤＫ連携することでチャネルを増やしています。それによって次の収益モデルを生み出しています。

①ＳＤＫによってチャネルを増やすことで利用者（需要）が増える
②需要が増えると価格を上げやすくなる
③価格が上がると、「儲かる」と考え参入する駐車場オーナー（供給）が増える
④供給が増え、価格は下がっていく
⑤価格は下がっても、供給が増えるのでトータルの収益は確保できる

この収益モデルに加えて、駐車場の無人化によってコストを最小限に抑えられるので、トータルで高い収益を確保できるのです。

ちなみに導入時のイニシャルコストも20万円ほどで、日本の駐車場システムが数百万円することを考えるとその差は歴然です。

ユーザー起点型ダイナミック・プライシングを導入している世界最先端のテック企業

3

ディディ（滴滴出行）

多様なアプリとのパートナーシップによってライドシェア市場を拡大し続ける最先端ＭａａＳ企業

中国のライドシェア市場で９割超のシェア

ＥＴＣＰのスマート駐車場のモデルも最先端を走っていますが、そこからダイナミック・プライシングをさらに上の次元に高めた事例を紹介します。

ディディ（滴滴出行／DiDi）
中国最大のライドシェアサービス。２０１２年サービス開始。

ＭａａＳ
(Mobility as a Service)
複数の種類の交通サービスを、個人単位の移動需要に応じて利用できるようなひとつの移動サービスに統合すること。

ここまで述べてきたダイナミック・プライシングがさらに進化すると、**ほかのアプリケーションサービスと連携し、パーソナライズされたひとつの「サービス」を構築し、さらなる高付加価値化を実現**しています。

まさにＭａａＳ（Mobility as a Service）の言葉そのものを体現しているわけですが、その最新テック企業が中国のライドシェア最大手のディディです。

自動車のドライバーと、同じ目的地に移動したい人とをつなぎ、相乗りのマッチングを支援する「ライドシェア（ドロップタクシー）」。

日本では世界ナンバーワン企業のウーバーがタクシー業界の規制に阻まれ、苦戦している印象がありますが、世界の市場は着実に成長しています。

調査会社の「レポートオーシャン」が２０２１年に発行したレポートによると、世界のライドシェア市場は、年20％以上の成長率で、２０２０年に８９０億ドルを超えたと推測されています。

そのライドシェア市場において、中国でナンバーワンの企業がディディです。

２０１２年に創業した**ディディは、２０１６年にはあのウーバーの中国事業も買収し、中国最大の配車サービスプロバイダーへと成長**しました。中国市場では9割以上のシェアを誇り、２０２１年には創業からわずか9年でニューヨーク証券取引所への上場を果たしています。

現在、ディディは、ライドシェア事業だけでなく、タクシー、ハイヤー、トラック、バス、自転車など、**多くの移動手段を総合的にカバーする「ワンストップ旅行プラットフォーム」**へと成長を遂げています。

また、2020年6月には上海市内で自動運転タクシーの試験運営をはじめており、BCCの報道によると、2030年までに100万台を運営する計画を掲げています。

「SDK」による多様なパートナーシップ

ディディのビジネスモデルで注目すべきポイントは、ETCPの事例でも登場した「SDK」にあります。

ディディでもSDKを通じて地図、交通検索、レストラン検索など多くのアプリと連携しています。わざわざディディのアプリを開かなくても、それぞれのアプリからディディのアプリを簡単に呼び出すことができます。

このSDKによって、ディディのアプリがユーザーには見えない形でさまざまなアプリに埋め込まれているので、自然とディディへの流入が増え、収益が上がる仕組みになっています。

また、**ＳＤＫ連携によってチャネルが増えるだけでなく、それぞれのアプリとの組み合わせによって独自の販売プランをユーザーに提案することができます。**

たとえば、第4章で紹介したメイトゥアンのようなグルメアプリの中からディディのアプリを開くと、レストランの予約とタクシーの配車をワンストップで完結できます。すると、ユーザーとしては利便性が高まります。また、サービスを提供する側としてもレストランとタクシーをワンパッケージとして販売することができるので、それぞれを単体で販売するより多くのニーズを喚起し、利益を上げやすくなるのです。

さらに**ディディでは、このＳＤＫのインターフェースを提供しながら、非競合関係にある企業との戦略的なパートナーシップを拡大しています。**

例を挙げると、TikTokとのパートナーシップにおいては、TikTokでタクシーアプリを開いたユーザーに対して、年齢層や属性に応じた広告を出したり、割引のプロモーションをかけることができます。

さまざまなアプリとディディが掛け合わさることで、プロモーションの幅が広がり、多くの需要を呼び込むことができます。まさに、**ＳＤＫを通じた多様なパートナーシップが、ディディをＭａａＳの最先端企業にしているの**です。

他サービスとのパッケージングによる「究極のダイナミック・プライシング」

このディディの、SDKによるパートナーシップによって、たんなるダイナミック・プライシングの概念を超えた「究極のダイナミック・プライシング」が実現しています。

SDK連携するアプリが増えることで、ユーザーとしてはタクシー単体での利用にくらべて「映画・レストラン・タクシー・ホテル」などといったパッケージでの購入が増えます。この**パッケージ価格は、サービス単体より高付加価値なので価格が上げやすくなります。**

このレストランと駐車場でいくら、実質駐車料金無料でレストランも10％オフ、のように抱き合わせたパッケージングが行われます。そのパッケージは、AI解析によってユーザーごとに生成されます。

一方、売り手であるディディの側としては、パッケージで販売することによって、送客をしてくれたアプリ（レストラン、ホテルなど）に対する手数料が発生しますが、販売価格が上がっているので手数料を払っても十分な収益を確保できます。

加えて、チャネルが増えること、ほかのサービスと組み合わせた販売を行えることで、トラフィックは増加します。

ディディのライドシェアサービス全体としては需要が増えるので、ドライバーは価格を上げやすくなります。価格が上がると、「こっちのほうが稼げるぞ」と判断したドライバーが集まり、さらに供給が増えます。供給が増えると、価格は下がり、適正化されます。

先にご説明したＥＴＣＰの収益モデルに照らすと、ディディのサービスは、次のようなビジネスモデルになっています。

①ＳＤＫによってチャネルを増やすことでトラフィック（需要）が増え、人に応じたパッケージングができる
②増加した需要とパッケージングの個別性のおかげで価格を上げやすくなる
③価格が上がると、ライドシェアに参入するドライバー（供給）が増える
④供給が増えることで、価格は下がり、適正化される
⑤価格は下がっても、需要が増えるのでトータルの収益を確保できる

このように、**需要と供給が相互に喚起し合いながら、需要曲線・供給曲線の交差するポイントを押し上げるだけでなく、そこにパーソナライズされた「パッケージング」も価格**

を押し上げるファクターとなります。

ちなみに、ユーザーの側からすると、**全体のパッケージとして価格を提示されるので、もはやタクシー料金単体の「定価」がわかりません。**

これがディディのビジネスモデルの神髄ともいえる「究極のダイナミック・プライシング」のスキームなのです。

ディディは2021年のニューヨーク証券取引所への上場の際、中国当局の調査によって、あまりに過熱した掛け合わせが疑問視され、その後上場廃止となりました。しかし2023年1月、正常な形でアプリが再開しています。現在、世界中から、今後の発展に熱視線が送られています。

ケースから見える「ユーザー起点型ダイナミック・プライシング」の特徴

特徴1 それぞれの人に合った価格調整の自動化

中国のダイナミック・プライシングの過熱ぶりには批判的な論調も少なくありませんが、ビジネスとしては参考にすべき点がたくさんあります。

繰り返しになりますが、従来のダイナミック・プライシングは「需給バランスの調整」を主眼としています。対して、ユーザー起点型ダイナミック・プライシングでは「収益の最大化」に主眼が置かれている点に違いがあるといえます。

ウーバーなどもダイナミック・プライシングを採用していますが、ダイナミック・プライシング設定のボリュームは総注文の10%未満に抑えられています。結果、価格は変動するもののトータルの収益はほとんど変わりません。

一方、**ユーザー起点型ダイナミック・プライシングは利益を取ることが目的**です。

それは決済データを軸に据えたことで、ユーザー一人ひとりの顧客行動を把握しているので、「このユーザーならこれくらい支払ってくれるだろう」という予測を立てやすいというのが背景にあります。

しかし、ただ単に「取れる人から取る」ということではありません。上がった収益をサービスに再投資しているので、結果としてユーザーの満足度が高まり、さらにトータルの収益が上がる、といった好循環が生まれています。

このダイナミック・プライシングの仕組みは、ホテルや駐車場オーナー、ライドシェアのドライバーなど供給サイドにも経済的なインセンティブをもたらします。

ディディのようなライドシェア事業であれば、たとえばお盆や年末年始などに需要が高まるのはわかっていても、ドライバーにとってみれば休みを返上してまで働きたいとは思わないものです。それが、「大晦日や正月の価格は通常の5倍」と聞けば喜んで車を出そうとするでしょう。

ダイナミック・プライシングによって収益を最大化することは、供給をも増やし、結果としてユーザーの利便性や満足度の向上をもたらすのです。

特徴
2

プライシングが伝統的ビジネスを最先端ビジネスに変える

中国テック企業に見られる「ユーザー起点」のダイナミック・プライシングは、**ホテルや駐車場といった昔からあるビジネスをも最先端ビジネスに変えるほどのインパクトをもたらしています。**

伝統的なホテル業界では供給量が決まっていることから、需給バランスを調整して稼働率を高めるくらいしか収益確保の方法がありませんでした。

それが、ユーザーの消費性向やリピート率、所得水準といった指標を決済データから把握することで、ユーザー一人ひとりにパーソナライズされた価格を設定できるようになり、「稼働率を高める」以外のアプローチで収益の最大化を実現しています。

「その人が買ってくれる価格が正しい価格」というプライシングの発想には批判も少なくありませんが、「お客さまにコストを負担させたくない」という意識が強いあまり価格を上げられず、結局売上が伸びずに従業員への給料も上げられない多くの日本企業を見ていると、この「ユーザー起点」のダイナミック・プライシングには学ぶべき点が少なくないのではないでしょうか。

特徴3
サービスのかけ算で「あなただけ」の価値を提供

ディディやETCPの事例で見たように、**SDKによるオープンプラットフォームを開放することで、さまざまなアプリ上に送客のチャネルができていきます。**

さらに、サービス単体ではなく「レストラン&ホテル&送迎」といったようにそのユーザーに合わせたさまざまなサービスがパッケージングされ、たんなる「送迎サービス」を「レストランで食事を楽しみ、効率よくホテルまで移動できる」という一連の「顧客体験」として高付加価値化することができます。

結果として、ディディであれば総配車数が増えるので、混雑すればするほどベースの価格も上がるという循環で利益を押し上げます。また、当日、空席を売りたいレストランや映画館、ホテルなどは、ディスカウントするので、送迎サービスの価格が実質無料や、さらに割引をした価格をユーザーに提示することができます。

ユーザーにとっては高付加価値化しているのに、価格が安い、ということで人気が出ます。

自社の商品だけでなく、**ユーザーの動きや要望に合わせて、トータルでの快適さや価格の割安さで戦うパッケージング戦略**に、さらに**個人データをAI解析したパーソナライズ**

データが重なった無数の価格のバリエーションで、現在とは**異次元のプライシング設定**が可能になります。

「ユーザー起点」と「パッケージング」で、ますますパーソナライズされた「あなただけ」のプライシングへ――最先端テック企業では、需給調整を超えた高次元のダイナミック・プライシングを実現しているのです。

第8章

小さな課題や悩みが1か所に集まり、大きな価値が生まれている

KEYWORD

スイミー戦略

「街の飲食店」も集まれば大手資本に対抗できる

みんなが、一ぴきの　おおきな　さかなみたいに　およげるように　なった　とき、
スイミーは　いった。「ぼくが、めに　なろう。」
『スイミー』（レオ＝レオニ／作　谷川俊太郎／訳　好学社）

『スイミー』という絵本を子どもの頃に読んだという方は多いと思います。

兄弟の魚たちが大きな魚に飲み込まれ、ひとりぼっちで海をさまよっていたスイミーが、赤い小さな魚の群れを見かけた。でも、大きな魚に食べられるのを恐れて岩陰から出てこない。

そこで、スイミーが「大きな魚のフリをして、みんなで協力して泳ぐ」ことを提案。赤い魚たちは一生懸命に練習し、「大きな魚」となって堂々と泳げるようになった――

というおなじみの物語です。

さて、ビジネスという「海」の中で、この「小さな魚」と同様に弱い立場に置かれているのが、零細企業や個人が営む街の飲食店です。

特にコロナ禍以降は、名店といわれる老舗の飲食店ですら次々と店をたたむ事態が生じました。その跡地に大手資本の商業ビルや横丁スタイルの店舗がオープンし、淘汰される現象が起きています。

こういった個人経営の飲食店は、プロモーションや広告などに投じる資金やマンパワーが乏しく、ＳＮＳを駆使するリテラシーも弱いため、どうしても大手資本の飲食店にはかないません。

というより、飲食業界自体がＤＸの波に取り残され、非効率な経営が残るところが多く見られます。これは飲食だけでなく接客をともなうリアル店舗のビジネスにおおむね共通する課題でもあります。

しかし、この**一軒一軒の飲食店が「大きな魚」になって、プロモーションやメニュー開発、仕入れなどで協力し合えば、大手資本の飲食店に勝てる**かもしれない――そんな「スイミー」のようなアイデアを実現している最新テック企業があります。

それが「サイケイ（再恵）」という中国の企業です。

サイケイは、**ＳＮＳなどへの露出やテイクアウトメニューの開発、調達管理のデジタル化と、飲食店が立ち遅れていたデジタル化の支援を行うマルチプラットフォーム**です。

このサイケイを活用し、テイクアウトメニューの改善や、TikTokなど人気ＳＮＳで動画プロモーションを行い、売上を伸ばす飲食店が増えており、加盟店はじつに200万店に上ります。

会社に対する「不満」もビッグデータ化

零細の飲食店が集まることで得られるもうひとつの武器が「データ」です。

決済、プロモーション、調達管理などのデータが集まり、ビッグデータになることで、仕入れやプロモーション、メニュー開発などの業務を最適化することができます。さらにAIによるマーケティング指導の自動化まで実現できます。

このビッグデータが、個々の零細店舗にとって大きな武器となります。

このようなビッグデータ化は、企業の人事・労務管理という意外な分野でも実践例があります。対象となっているのは、**従業員の会社に対する「不満」**です。

会社の業態や規模はさまざまなので一概にはいえませんが、一般的には従業員は会社との関係において弱い立場にあり、不満や苦情、改善要望があっても表明しにくい、または表明しても取り合ってもらえないことが多々あります。

このように、表に出しにくい従業員の不満や苦情を「チャット」の形で収集するのが「アスクボット」というチャットツールです。チャットボットに不満を入れると、ＡＩが解析し、自動で回答できるものは回答し、そうでないものは人事・労務のセクションに改善のアクションをとるよう呼びかけます。

匿名性を担保した上で不満を表明しやすい状況をつくり、ビッグデータ化することで、ＡＩによって解決するというのは、なかなか日本の企業には思いつかない発想ではないでしょうか。

このサイケイ、アスクボットのような**プラットフォームに「飲食店」や「会社（従業員）」が集まれば、個々の力は弱くても強い集団になる**のです。そして、個々の力を集約するプラットフォームは、その役割から**「広場」**ととらえることができます。

デジタルを使って「広場」をうまくつくり、『スイミー』の世界を実現した取り組みを、詳しく見ていきましょう。

スイミー戦略を導入している世界最先端のテックサービス

1

サイケイ（再恵）

「街の飲食店」のＤＸを加速させる「オフライン版楽天市場」

サイケイ（再恵）

「再恵网络科技有限公司（Zaihui Internet Technology）」が運営する飲食店向けＢｔｏＢプラットフォーム。２０１６年サービス開始。

飲食店をはじめ２００万のオフライン店舗が導入

今日の小売業界において、もはやアマゾンや楽天市場などの巨大ＥＣプラットフォームを抜きには語れないでしょう。その**ＥＣプラットフォームの「飲食店版」ともいえるサービス**が、本章の冒頭でも紹介した「サイケイ」です。

サイケイは、飲食店をはじめとするオフライン店舗を対象に、ブランド管理、マーケティング支援、調達管理などのデジタルサービスを提供する、プラットフォームです。ケータリング、レジャー、エンターテイメント、美容産業、ホテルなど、２万を超える企業・ブランドがサイケイを導入し、飲食店だけでも２００万店舗に及びます。

サイケイが提供するサービスは図8－1のとおり、非常に多岐にわたります。

各店舗から上がってくる決済データをもとに、各店舗における注文量、使用した材料、混雑のタイミングなどのデータをリアルタイムで積み上げ、解析することで、加盟する飲食店全体のサプライチェーンをシステム化していきます。そのほか、広告や求人や、テイクアウト宅配などのチャネルを統合する機能もあります。

「街の飲食店のDX」を支援

具体的に、サイケイを導入することでどんな変化が起こるのでしょうか？　架空の中華料理店「成嶋亭」をモデルに再現してみましょう。

コロナ禍以降、需要が高まったテイクアウト。「成嶋亭」でも新たにテイクアウト用の弁当メニュー「チャーハン弁当」を考案しました。

サイケイを使えば、販売用の自社ECも簡単に構築でき、リスティングなどの広告も出稿することもできます。また、サイケイにはTikTokやレッドなど人気SNSと連携した「マルチチャネルタッチポイント」の機能があります。

「成嶋亭」でもさっそくTikTokでチャーハン弁当をつくっているショート動画を流し、「投

サプライチェーン
商品が消費者に届くまでの調達、製造、物流、販売の一連の流れのこと。

[図8-1] サイケイの提供するサービス

サイケイが提供するサービス	内容
①ブランドの露出	● 従来のテイクアウトだけでなく、Eコマースサービス、宅配アプリや広告入札サービス、プロモーション、コスト効率の高いROIを提供 ● 自動的にマーケティング指導も受けられる
②マルチチャネルタッチポイントの作成	● 従来のマーケティングチャネルに加えてWeChatフレンズサークル、レッド、TikTokなど主要なショートビデオ配信チャネルをカバーしたマーケティング戦略を支援
③マーケティングの自動化	● ビッグデータを分析し、ターゲットとなる消費者に正確にアクセス、消費者のニーズを深く掘り下げ ● 会員セグメントから顧客獲得の課題解決まで、同様の店舗やエリア別の指標をもとに指導
④テイクアウトプラットフォームパッケージマッチング	● ブランド分類を深く分析し、カテゴリ数、カテゴリランキング、SKUを標準化 ● 製品の利点を洗い出し、パッケージや、製品価格に反映 ● 露出、店舗への参入、注文、保持の4つの次元から管理
⑤調達管理SaaS	● 複雑なコミュニケーションや散発的なExcelの代わりに、中小規模の店舗でも使用できる調達システムを提供 ● 各店舗は、調達システムを介してセルフ注文操作を完了することができ、注文は自動的にサプライヤーに同期され、対応するデータ統計を計算する
⑥簡単な商品メンテナンス	● 商品情報を自由に作成し、各店舗に自動同期され、1回の操作で複数店舗に共有される ● 商品情報の作成後、各店舗は、対応する商品情報をすぐに見ることができ、購入注文アクションを実行できる
⑦マルチチャネルのレジシステム	● 便利なインストールPOSレジと会員のランクと利益のワンクリック支払いと組み合わせることで、レジと注文の効率を向上
⑧明確な財務調整	● 注文データをリアルタイムで表示 ● 売掛金／買掛金勘定のワンクリックエクスポート機能によって、各期間、入庫ステータス、購入日など多次元にもとづいて集計を行うことができる ● 収益データを一目で確認でき、資金を帳簿に入金し、ビジネス状況を正確にコントロールできる
⑨人事管理システム	● 採用、スケジューリング、出席、休暇、給与計算などのビジネスシナリオを統合し、管理スタッフが店舗の日常業務を効率的にスマホで管理できるように支援 ● ブルーカラー向けの採用プラットフォームとも連携
⑩スマートスケジューリング	● 店舗の実情に応じて、店舗のシフト情報を自由に作成 ● 店舗のすべてのスタッフをシフトすることが可能に
⑪出退勤管理	● アプリを通じてスタッフの出退勤をサポート ● GPSとタイムスタンプによって空間と時間の二重チェックを行い、出勤情報の真正性を保証
⑫店舗運営をタイムリーに取得	● ビッグデータ分析システムを使用して、周辺ブランドカテゴリの店舗展開状況を取得 ● ブランド競争力分析によって問題をタイムリーに把握し、診断分析を行う

稿してくれたら安くしますよ！」とプロモーションを打ってみました。すると、「チャーハン弁当」の注文が一気にはね上がりました。

購買ユーザー層や購買履歴も簡単に確認することができるので、「20歳前後のユーザーからの注文が急増した」ことがすぐわかりました。

さらに、サイケイの特徴には、ＡＩによる「自動マーケティング指導」があります。

「チャーハン弁当ならこのサイトがおススメです」
「10％値引きしたらもっと売れそうです」
「ほかのお店では、同様のチャーハン弁当が７００円前後でもっとも売れていますよ」
「このパッケージではあまり売れません」

このような自動マーケティング指導がスタンダードプランからついているので、あとは予算だけ決めれば勝手に実行してくれます。

ワンオペで店舗を切り盛りする「成嶋亭」にとってありがたいのが「調達管理ＳａａＳ」。決済アプリのWeChat Payと連動して、どのメニューがどれだけ売れているかを自動的にデータ管理してくれます。

ＳａａＳ
(Software as a Service)
事業者が提供するクラウドサーバーにあるソフトウェアを、インターネットを経由してユーザーが利用するサービス。

さらに、メニューごとに使用する材料とグラム数を設定しているので、メニューごとの販売数から、どの材料をどれだけ消費しているかも自動的に集計されます。「あ、キャベツがそろそろ仕入れのタイミングだな」というのが冷蔵庫を開けなくてもわかるのです。サイケイは、データ管理機能を提供する代わりに決済を握ることでデータを所得しています。

そして、その情報はサプライヤーである農家側とも同期されており、サイケイに加入しているほかの飲食店と共同調達もできる仕組みになっています。

こうして**仕入れを一本化することによって、タイムリーに、かつ安く材料を調達することが可能**になっています。

しかも、この共同調達によって、**個人では取引ができない大手サプライヤーとも取引できる**ので、個人経営の「成嶋亭」にとってはとてもありがたいことです。おかげで材料のロスもかなり削減できました。

さらに、セントラルキッチンを利用するというオプションもあります。そこで一人前の1次加工を行ってから納品できるので、食品の使用効率が上がったり、保存期間が長くなり、さらなるコスト低減や人件費低減につながります。

財務情報も、売上と仕入れが同じプラットフォーム上で運営されているので、日次、月次の売上、経費、利益がひとめでわかります。もちろんスマートフォン決済ですから日ごとのレジ締めなども不要です。

セントラルキッチン
飲食店で提供するメニューの製造や加工を1か所に集中させる拠点のこと。大量の料理を効率的・安定的に供給できるメリットがある。

このように、**決済情報から、注文、来店、材料、混雑具合などあらゆるデータを取得し、日々の改善に役立てることができます。**ひとりで切り盛りしている「成嶋亭」のような街の中華料理店でも、すぐにＤＸを実現できるイメージが伝わったでしょうか。

飲食店とユーザーがともに成長する「永遠ループ」

「成嶋亭」のような個人経営の飲食店にＤＸサービスを提供するサイケイ。

彼らのビジネスには、**「小さい個人店でも集まって連携すれば大きな力になる」**という互助的な経営理念があります。

材料の仕入れも、単体で行うより複数の店舗が集まってグロスで購入すれば安く仕入れることができます。

また、同じ「チャーハン弁当」のメニューを出している店舗はライバルではありますが、「どの価格帯が売れているか」「どういうパッケージが売れているか」といった情報をシェアすることで、お互いにサービスの質を高めることができれば、結果として多くの注文を獲得することにつながります。

そして、前述した**ＡＩによる「自動マーケティング指導」を可能にしているのが、多く**

の飲食店が集まることによって**蓄積された膨大なビッグデータ**です。

データを共有し活用できるようにすることで、個人店でもDXを実現し、サービス品質や業務の改善につなげることができます。それがより多くの需要を生み、さらなる成長をもたらします。

サイケイの公式サイトに載っている図は、そのことをわかりやすく表現しています。

このエタニティマーク（永遠のループを表すマーク）の右側にはユーザー、左側には店舗、そして中央にはサイケイのプラットフォームと、API連携されたさまざまなアプリがぶら下がっています。

左側の店舗がサイケイのプラットフォームを通じて供給を増やせば、右側のユーザーも

［図8-2］　サイケイのビジネススキーム

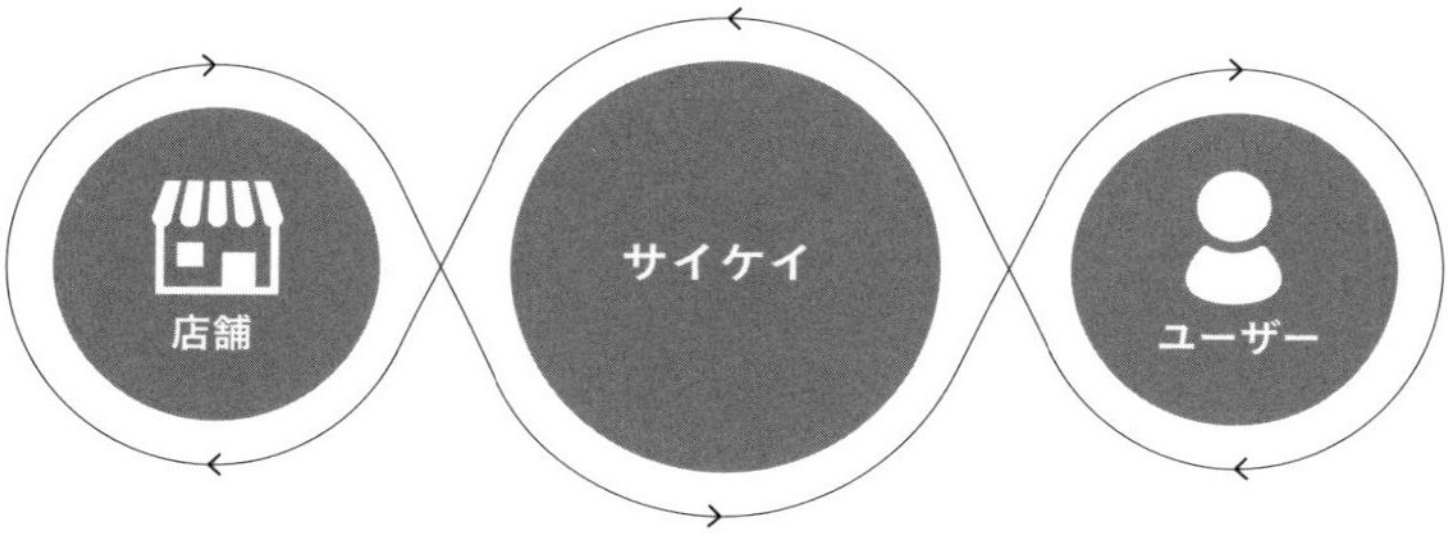

出所：再恵公式サイトより作成

増えてサイケイとさまざまなアプリから流入してきます。需要が増えればさらに店舗の供給も増えます。こうしてエタニティマークのループが循環しながら成長するというモデルです。

ビジネスにおいて不利な状況に置かれやすい零細企業や個人店舗も、集結し、まとまれば、強い集団になることができ、サステナブルな経営を実現できるのです。

日本でもこのサイケイのようなプラットフォームが生まれてもおかしくありませんし、むしろ出現してほしいと願っています。

スイミー戦略を導入している世界最先端のテックサービス

2

アスクボット

従業員の「不満」も積もれば「宝の山」に！
チャットとAIで労務改善を図るHRプラットフォーム

従業員の不満に寄り添う「バーチャルなアシスタント」

「ここ数年、なんで給料が上がらないんだろう？」
「上司にいくら要望を伝えてもぜんぜん動いてくれない……」

会社に勤めていれば、会社の勤怠、待遇、昇格、人事異動から上司や同僚との人間関係にいたるまで、大小さまざまな不満を抱えているものです。

ところが、会社の規模や体制にもよりますが、そういった会社に対するネガティブな不満や苦情というものは会社に伝えにくいものです。また、上司などに助けを求めたくても、相手はたいがい忙しく、顧みてくれることも少ないのが実情です。

HR（Human Resource）
直訳すると「人的資源」。企業経営においては、採用から人材育成、人事評価、労務管理、マネジメントなど「企業における人的資源の活用」に関する領域全般を指す。

結果、当事者である従業員が不満を抱えたまま我慢する、あるいは居酒屋やツイッターの匿名アカウントのような場で発散するしかない状況が生じています。

ただ、そのように我慢し続けているのは、少し前の世代の話かもしれません。

というのは、Ｚ世代に代表される最近の若い世代は、抱えている不満が解消されなければすぐに会社を辞めて次の会社に転職してしまうからです。

「自分は会社に適切に扱われていない」「助けを求めても解決されない」などの不満を抱え、会社へのロイヤリティが低下したら、すぐにその会社を見限ってしまうのです。

したがって、このような社員一人ひとりの苦情やクレームに耳を傾け、対処することが、今日の企業にとっては人材流出を防ぐための課題として重要性を増しています。

しかし、このクレーム対応の分野は「コストセンター」とみなされ、あまりマンパワーをかけたくない事情が多くの企業にはあります。アウトソーシングされることも少なくなく、社内にノウハウも蓄積されません。

それを改善するサービスとして生まれたのが「アスクボット」です。

アスクボットは、一言でいうと「**バーチャルな従業員アシスタント**」。アスクボットに疑問や質問を入力すると、ＡＩが自動的に分析して、対応すべきか対応すべきでないかを識別します。

さらに、対応すべきもののうち、すぐ回答できるものは自動でリプライし、そうでない質問はほかのアプリケーションや業務システムと連携して解決する、もしくは該当するセクションにアクションを促します。

過半数のクレームをＡＩが自動回答

チャット形式で気軽にメッセージを送れるアスクボットがあることで、従業員にとっては、普段抱えている会社に対する不満やクレームを言いやすい状況が生まれています。いわば、ツイッターなどで「ディスる」ようなことを、秘匿性を担保した上で安全につぶやける環境を提供しているのです。

そういった**ネガティブな不満や苦情、改善要望が、１社だけでなく、アスクボットに登録しているすべての会社から集まり、ビッグデータとして蓄積されます。**

それを**ＡＩが解析し、自動で回答するものと、人によって解決するものに仕分けをします。**チャットで寄せられるクレームの６割はＡＩの自動回答で対応可能です。

さらに、アスクボットの大きな特徴は、**会社側にクレームへの対応の責任がともない、**

その対応も従業員の事後評価の対象になることです。

そして、この一連のクレーム対応もデータとして蓄積され、その会社の評価として公表されます。「従業員の不満や要望に耳を傾けているかどうか」が指標化され、ひいては採用にも大きく影響します。

企業側が従業員の要求にリアルタイムで対応し、従業員のロイヤリティを改善するだけでなく、人事・労務部門の業務省力化・効率化を図ることで単純で反復的なクレーム対応から解放されますから、人事・労務部門の担当者のロイヤリティも高まるでしょう。

従業員の不満や苦情というものは、通常は人が親身に悩みを聞いて、人間的に解決を図ろうと考えます。

それを、まずは**チャットボットにはき出させて、対応できるものは対応して、ＡＩで自動化できるところは自動化**する。この発想はなかなか出てきません。しかも**多くの会社の従業員からはき出された苦情や不満が積み上げられてビッグデータとなる**というのも、最先端のテック企業ならではの発想だと唸らされます。

従業員の「つぶやき」が企業経営の大きな武器になる

このアスクボットの仕組みも、「小さな力が集まれば大きな力になる」という意味で、先に紹介したサイケイのビジネススキームとよく似ています。

アスクボットのスキームを、サイケイのような「エタニティループ」で図解してみると図8-3のようになります。

従業員のロイヤリティを高めて定着を高めたい企業が左側に、会社や職場に不満を持っている従業員が右側に位置します。

複数の企業で不満やクレームをひとつのプラットフォームに集めることで、似通った不

［図8-3］ アスクボットのビジネススキーム

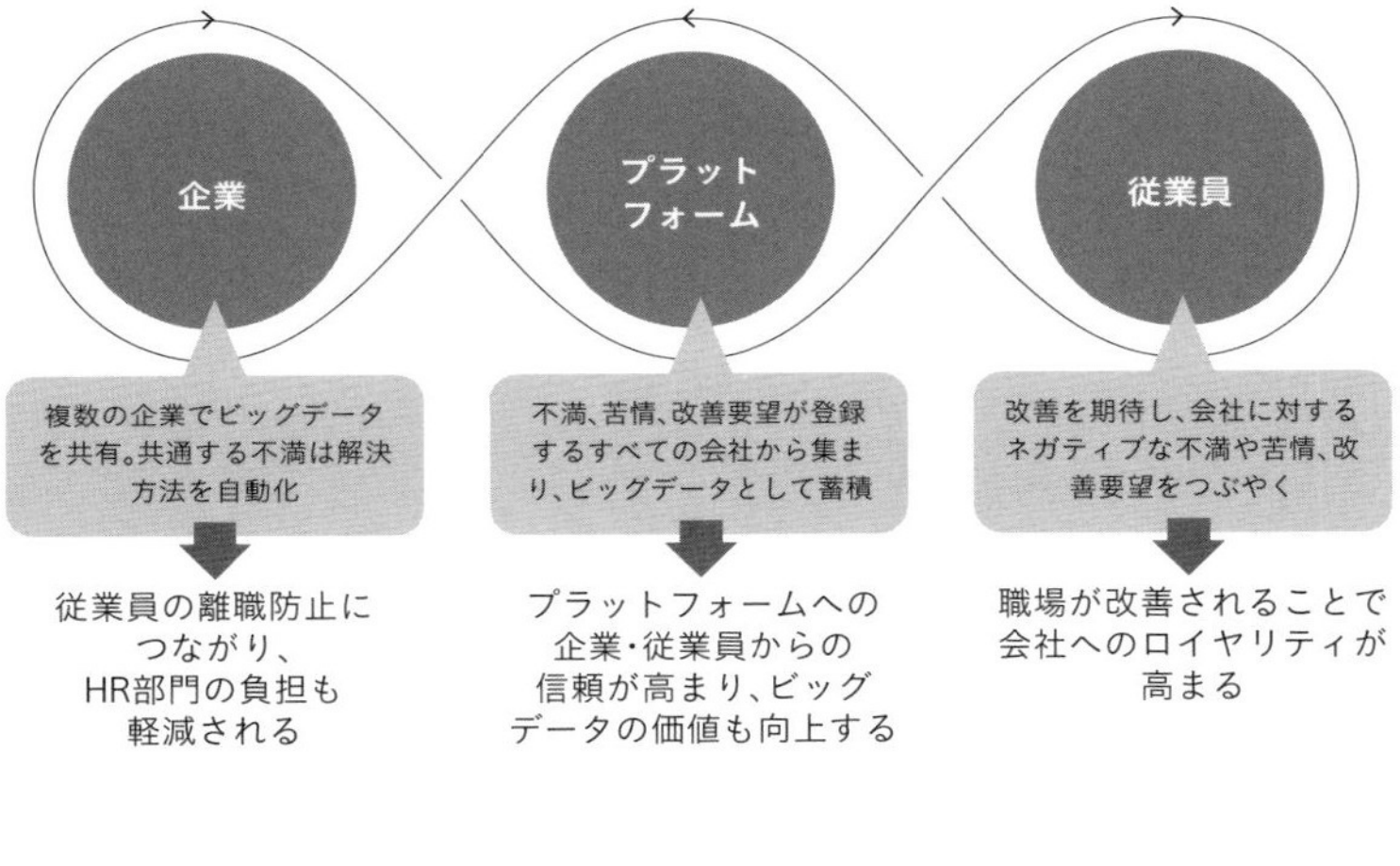

企業
プラットフォーム
従業員
複数の企業でビッグデータを共有。共通する不満は解決方法を自動化
不満、苦情、改善要望が登録するすべての会社から集まり、ビッグデータとして蓄積
改善を期待し、会社に対するネガティブな不満や苦情、改善要望をつぶやく
従業員の離職防止につながり、HR部門の負担も軽減される
プラットフォームへの企業・従業員からの信頼が高まり、ビッグデータの価値も向上する
職場が改善されることで会社へのロイヤリティが高まる

満であれば解決方法を自動化して従業員に提示することができます。

「従業員エンゲージメントの向上」は企業の重要課題として認知されつつあり、「エンゲージメントの見える化」をうたうＨＲツールも数多く見かけます。

しかし、エンゲージメントを「見える化」したいのはあくまで経営層であり、当の従業員に対して具体的な価値を提供できなければ意味がないのではないでしょうか。

アスクボットに従業員の声、すなわちデータが集まるのは、「ちゃんと改善してくれる」という期待があるからで、だからこそ、ネガティブなクレームを進んで提供しようとするのです。

この、**データ提供を受ける前提として「相手に価値やメリットを提供できるか」という視点が重要**なのは、これまで本書でも繰り返し述べているとおりです。

少子化で労働力の担い手がどんどん減少する時代においては、従業員の「つぶやき」をデータに変え、従業員のロイヤリティ改善につなげていかなければ、若い世代はすぐに会社を見限り、軽やかに去っていきます。

ツイッターなど余計なところでつぶやかれるより、社内に安心してつぶやける環境をつくってしまう。このような大胆な発想と仕組みに、日本企業も見習うべき点があります。

特徴1 匿名性を保持し、悩みや課題をまとめて収集できる「広場」

飲食店や従業員が個々に抱える悩みや課題というものは、なかなか表には出しにくく、ましてやほかの飲食店や会社とは共有しにくいものです。

ところが、サイケイやアスクボットのようなプラットフォームでは、**匿名性を保持した上でこういった悩みや課題を集約し、ビッグデータ化することで解決に導く「広場」**として機能しています。

サイケイの事例では、決済データをはじめ販売や仕入れのデータを、多店舗のデータとともに集約してビッグデータ化することで、それをAIが解析してマーケティング指導や共同調達といったサービスに活用しています。

アスクボットの事例では、個人ではなかなか表明しにくい会社に対する不満や改善要望を「チャット」の形で吸い上げ、ビッグデータ化し、AIによる自動回答などにつなげています。

弱い立場に置かれている個人経営の飲食店や従業員でも、こういった**課題や悩みを気軽に「シェア」することで、それによって生み出されるソリューションも「シェア」できる**という点が特徴的です。

特徴2　ビッグデータがもたらす「圧倒的」な自動化・経営効率化

小さい飲食店が集まり決済データや仕入れ情報などをシェアすることで、**ビッグデータを活用して経営の圧倒的な効率化を図ることができる**のが、2つ目の特徴です。

サイケイでは飲食店のメニューの売れ行きから、どの材料がどれだけ使用されたかを自動で表示し、適切な仕入れのタイミングを知らせてくれます。しかも、川上の仕入れ業者ともつながっており、ほかの飲食店との共同調達を行うことができます。

このことは、飲食店単体で注文を行うよりコストを減らせるだけでなく、余剰な材料を持たなくてよいので、在庫ロスの解消にもつながるという点でもサステナブルな仕組みを実現しています。

アスクボットは、人事や労務に対する不満や疑問を従業員がつぶやくことで、そのつぶやきをビッグデータ化し、6割の質問を自動回答によって解決しています。人事・労務部門の業務省力化とともにスピーディな対応を実現し、従業員のロイヤリティを高めることにも成功しています。

特徴3 小さい者同士が集まり一大勢力になることで、対立構造に変化をもたらす

資本主義経済の理論では、大手ショッピングモールと近隣の商店街などといったように、「大手資本対零細事業者」の構図が存在し、後者が前者によって淘汰されるという現象が生まれます。

しかし、弱い立場に置かれる零細事業者が集まり、ビッグデータを共有することで、**大手資本にも対抗できる一大勢力になりうる「新しい資本主義」の可能性**を、サイケイの事例は見せてくれます。

また、「企業対従業員」というのも、古くからある対立構造で、どうしても従業員は弱い立場に置かれます。

アスクボットの事例は、会社の垣根を超えて従業員がつぶやく不満や苦情、改善要望を会社間でシェアし、ビッグデータ化することで、会社へ改善を促していくという意味で、こちらも**「新しい労使関係」のあり方**を示しているように感じます。

ともすれば、社内だけだともみ消されてしまいがちですが、ほかの会社ともデータを連携することで、その問題の解決が本当に必要なのかが見えてきます。

「小さな魚」が集まって「大きな魚」に負けない力を持つ。まさに『スイミー』のようなソリューションを実現する最新テック企業のプラットフォームは、**「大手資本対零細事業者」「企業対従業員」という伝統的な対立構造をもフラットにしていく**変化をもたらしつつあるのです。

第9章

「PCレス戦略」で専門性が民主化されている

KEYWORD

テクノロジーの
フラット化

BtoBでも進みつつある「スマホファースト」

先日、地元の友人が小学生の娘さんを連れて遊びに来てくれました。その娘さんが「パパの友だちの会社って、通販のお仕事やっているんでしょ？」と私に聞くので「そうだよ」と答えたところ、こんな質問が返ってきました。

「パソコンでも、通販で買い物ができるの？」

「令和3年度 青少年のインターネット利用環境実態調査」（内閣府）によると、青少年（10～17歳）のインターネット利用率は97・7％と、ほぼ100％に達しています。

そのインターネット利用率を接続機器別に見ると、「スマートフォン」が70・1％、「タブレット」が37・9％に対して「ノートパソコン」は22・4％、「デスクトップパソコン」は8・4％となっています。

ちなみに、同調査を開始した2009年度（平成21年度）では、パソコンの使用状況について67・2％が「家族と一緒に使っているパソコン」と回答しており、この10年あまりに中高生の間ですら「パソコン離れ」がかなり進んでいることがうかがえます。

BtoB (Business to Business)
企業間で行われる取引のこと。

そんな現代の中高生よりさらに下の世代である小学生にとって、パソコンは文書や表計算のソフトを操作するものであっても、「アマゾンで買い物する」ものとは認識していないのも仕方ないのでしょう。

このような、子どもの頃からスマートフォンに親しんできた「Z世代」、あるいはその次の「アルファ世代」が消費者のメインストリームとなりつつある今日、世界の最新のテック企業が提供するサービスが「スマホファースト」にシフトしていることは、これまでもさまざまな事例を通じて紹介してきたとおりです。

さらに、今後は彼らZ世代・アルファ世代が社会に続々と進出し、労働力の中核をも担うようになります。

それを受け、**「スマホファースト」の潮流**は、ＢtoＢの世界にも徐々に浸透しつつあります。

「ＰＣスキル不要」で多様な人材を確保

１９９５年に発売されたマイクロソフトのＯＳ「Windows95」を機に、それまで一部の専門家やマニアのものだったパソコンは「ひとりが１台持つ」ビジネスツールへと進化を

アルファ世代
２０１０年以降に生まれた世代で、Z世代の次の世代を指す。

遂げ、ワードやエクセルがビジネスパーソンにとって必須スキルとなっていきました。２０００年代の初頭に社会人となった私も、ワードやエクセルを必死で勉強した記憶があります。

ところが、それもいまは昔で、最近の若い世代にとっては、慣れないＰＣの操作は難しく、敬遠する傾向にあります。

そこで、ＢｔｏＢの領域においても、世界の最先端のテック企業では「**ＰＣレス**」に大きく舵を切っています。

人口減少の局面に入り、労働力の確保がますます困難になるからこそ、仕事で使用するデバイスも複雑なＰＣや機器類から、若年層が慣れ親しんでいるスマートフォンやタブレットへと置き換えることが重要課題になっています。

ＰＣからスマートフォン、さらにはＩｏＴなどへとデバイスの主流が移り、誰もが高度なＩＴ技術を安価で手に入れ、駆使できるようになる現象を、本書では「**テクノロジーのフラット化**」と呼びます。

思えば、かつては高価で難解だったコンピューターを、ＰＣの登場によって誰でも使えるようになった流れも「テクノロジーのフラット化」といえます。いま、そのムーブメントを最前線で牽引するのがスマートフォンなのです。

ＩｏＴ
(Internet of Things)
住宅・建物、家電製品、車などの「モノ」がネットワークを通じてサーバーやクラウドサービスに接続され、相互に情報交換する仕組み。「モノのインターネット」と訳される。

本章では、BtoB領域でスマートフォンやタブレットを中心とした「テクノロジーのフラット化」を実現している最新テック企業の動向を紹介します。
工場やコールセンターなどの職場での働き方が大きく変革する未来をのぞいてみましょう。

テクノロジーのフラット化を導入している世界最先端のテックサービス

1

タブレット型BtoBシステム

簡易で直感的なインターフェースが多様な人材を呼び込む

レジや駐車場もタブレットで操作する時代に

バイドゥ(百度)が運営する「アイサイモウ(愛采購)」というBtoB向けのECモールがあります。

バイドゥ(百度)
中国最大の検索エンジン。中国国内では70%以上の検索シェアを誇る。世界での検索シェアはGoogle、Bingなどに次いで第5位。

さまざまな機械や部品を取り扱うこのモールで「レジ」と検索してみると、検索結果でずらっと出てくるのは、私たちがよく見かけるレジの機械ではなく、縦長の大きなタブレットタイプのレジです。

これらのタブレットタイプのレジとスマートフォンのアプリが連携して、売れた商品や来客状況がレジとアプリで常に同期される仕組みになっています。そのためＰＣスキルがまったくなくても直感的な操作が可能です。

アイサイモウでは、第7章でも採り上げたスマート駐車場のシステムも販売されています。遮断機とタブレットがセットになっており、１台のタブレットにつき１００台の自動車を管理できるというものです。

もし自分の土地を活用して駐車場を運営したいと思ったら、その駐車可能な台数が３８０台であれば、４台のタブレットと４つ分のアプリの年間アカウントと遮断機セット１組を購入して設置すれば準備完了です。すぐに駐車場の運営をスタートできます。

１台あたり数十万円規模の日本の駐車場システムにくらべて、アイサイモウで販売されているシステムであれば1台あたり２６００円から。イニシャルコストを90％以上抑えられるだけでなく、その後のランニングコストも年間のアカウント料金だけで済むので、かなりの低コストで駐車場を運営することができます。

アプリで駐車場システムを運用するメリットは、多くの人が利用することで得られるデータや評価をもとに、新しい機能がどんどん実装され、アップデートされることにあります。

たとえばナンバープレートをＡＩが識別して自動的に決済されるシステムが実装されたら、アプリをアップデートすればもうその時点から使用することができます。

レジシステムも駐車場システムも、機能がアップデートしたら設備ごと入れ替えなければならず、コストがかかる上に、ボタンの位置や並びが変わればまた一からおぼえなければなりません。

このように**導入時のイニシャルコストだけでなく、アップデートにともなうコストや負担をも低減できることも、このタブレットタイプのＢｔｏＢ機器の普及を後押ししています。**

［図9-1］日本でおなじみのレジは検索しても出てこない

出所：爱采购

行政書士や司法書士も「カート」に入れる

もうひとつの事例として、「アイチーチャ（愛企査）」という、日本でいう帝国データバンクのような信用情報を扱う企業が運営するECプラットフォームがあります。このアイチーチャで取り扱っているのは、主に**BtoB向けの代行サービス**です。

アイチーチャのトップページを見てみると「銀行口座の開設」「納税」「商標の出願」といった代行サービスがずらっと並んでいます。日本でいう行政書士や司法書士、弁理士といった士業が中心ですが、こういったサービスもECと同じ仕組みでカートに入れて購入する仕組みになっています。

たとえば「銀行口座の開設」のサービスを購入し、WeChat Payなどで決済すると、HP記載の書類をそろえた2週間後には銀行口座が開設されて通帳とキャッシュカードが手元に届けられます。

日本であればこういった専門家のサービスは個々にサイトが独立していて、価格やサービス内容、納期などの比較がしにくく、またそれぞれに見積もり依頼をするところからはじめなければなりません。よさそうな会社を選んで、問い合わせをして、回答の見積もり

アイチーチャ（愛企査）
バイドゥが提供する中国企業ディレクトリサイト。

帝国データバンク
日本国内最大手の信用調査会社。国内最大級の企業情報データベースを保有する。

や納期を各社とくらべてから発注していると、1、2か月すぐに経過してしまいます。

しかし、アイチーチャではそれらのサービスをECプラットフォームに集約することで、単価や納期などを「楽天市場」などのように一覧で比較することができます。

また、利用したユーザーのレビューもついており、比較検討がしやすくなっています。

日本では独自ドメインの自社サイトが多く、具体的なプランは個々に問い合わせて確認する必要がある行政書士や司法書士などの専門家のサービスも、この簡易なアクセシビリティによってECショッピング感覚で気軽に利用することができます。スーパーセールのような半額デーなどもあり、まさにECショッピングそのものです。

このようなサービスによって、企業信用情報とセットで専門サービスの利用の敷居が下がり、「専門職」もフラット化しています。

［図9-2］ 行政書士のような専門家もカートに入れる

出所:愛企査

工場の機械も「プレステ」のように動かせる

製造や物流などの工場の現場では、近年ではＡＩやロボット技術の発達によって製造や物流ラインの省人化・省力化を図る**「スマート工場」**の動きが進んでいます。同時に、工場内で扱う機械の操作もスマートフォンやタブレットに置き換わっており、こちらでも「テクノロジーのフラット化」が進んでいます。

さらには、「プレイステーション」のようなゲーム機のコントローラーを模したインターフェースの操作機器まで登場しています。特に若い世代にとっては、慣れ親しんだゲーム機の感覚で機械の操作ができるようになっています。

ＡＩやＩｏＴ技術が発達し、工場で扱う機械のユーザビリティが向上すると、「３Ｋ」などネガティブな印象を持たれがちだった工場が、これまでにない多様な人材が集まる人気の職場になる可能性をも秘めています。

また、アプリの言語設定を変えるだけで外国人でも簡単に操作することができるので、労働市場がグローバルに開かれていきます。

人材確保に悩む町工場に、ずっと引きこもってゲームばかりしていた若者や、普通の女子大生などが集まり、新たな働き手として工場の機械を遠隔操作する。その工場のラインを、東南アジアに住むエンジニアがマネージャーとして指揮する――そんな未来もそう遠くないのかもしれません。

テクノロジーのフラット化を導入している世界最先端のテックサービス 2

WeChatカスタマーサービス

「気軽」なサポートで顧客満足が向上

メッセージアプリをカスタマーサポートに活用

ヘッドセットを装着したオペレーターがずらっと並び、ＰＣの画面を見ながら問い合わせや注文、クレームなどに対応する――「カスタマーサポート」と聞くと、おそらくこのようなコールセンターのイメージが連想されるのではないでしょうか。

このコールセンターに対して「電話してもなかなかつながらない」「以前の問い合わせ

を把握していない」「たらい回しにされた」といった経験は誰にでもあるでしょう。
企業にとっては、このようなカスタマーサポート部門は「コストセンター」とみなされ、あまり人件費や設備のコストをかけたくない事情があります。したがって、顧客対応の品質は一向に改善されず、ユーザーの不満も解消されない、カスタマーサポート部門の社員の士気も上がらない……という悪循環に陥ってしまいがちです。

そのカスタマーサポート部門について、メッセージアプリ「WeChat」を活用して顧客とのコミュニケーションの改善を図るＢｔｏＢ向けサービスが、中国の巨大テック企業・テンセントが展開する「WeChatカスタマーサービス」です。

ＬＩＮＥでも法人向けのサービスとして「ＬＩＮＥ公式アカウント」や「ＬＩＮＥ ＷＯＲＫＳ」があり、ユーザーとのコミュニケーションにＬＩＮＥを活用しているケースはあります。

しかし、ユーザーの立場としてやや抵抗があるのが、個人のＬＩＮＥアカウントで登録する必要があること。企業や店舗の担当者という「よく知らない人」とコミュニケーションをとるのにプライベートのＬＩＮＥアカウントを使うのは、少し躊躇するところがあります。

その点、この「WeChatカスタマーサービス」は一歩進んでいて、個人のWeChatアカウントで「友だち」を追加することなく、**WeChatでチャットをするのと同じ感覚で企業とコミュニケーションをとることができます。**

「LINE」感覚で顧客とのコミュニケーションを深める

この「WeChatカスタマーサービス」の仕組みと手順を、あなたがあるブランドのカスタマーサポート部門の担当者だとして、その商品に興味を持っている見込み顧客のAさんとのやりとりを通じて説明してみます。

まず、自社ブランドのECサイトで「問い合わせ」のボタンを押したAさんに、「WeChatカスタマーサービス」に招待するQRコードが自動で送られます。それを読み込んだAさんがカスタマーサポートのアカウントにアクセスすることで、担当者のあなたとやりとりすることができます。

繰り返しますが、このときAさんは自分のWeChatアカウントを登録する必要はありません。「WeChatカスタマーサービス」上では、LINEの感覚でAさんから商品のサイズや在庫などに関する質問を受けます。基本的な問い合わせはチャットボットが自動で応答し、細かい質問に対してはオペレーターのあなたがブルートゥースイヤホンで回答します。動画や電話でやりとりすることもできます。

「WeChatカスタマーサービス」ではオープンIDも発行されるので、あなたはAさんへのプリセールスとしてニックネームやアバターを取得することをすすめたり、あらかじめブランドのファングループに参加を呼びかけることもできます。

こうして、見込み顧客であるAさんとのコミュニケーションを深め、コンバージョン（成約）の確度を高めることができます。

こういった成約前のコミュニケーションや顧客動向の記録は、タイムラインに残るのはもちろん、すべてメッセージや音声や映像で記録されるので、オペレーターのあなたも見込み顧客のAさんも、過去の質問や相談などをいつでも見返すことができます。

あなたのAさんに対する親身な接客の結果、晴れて、Aさんと商品購入の成約にこぎつけることができました。

その後も、商品の使用方法、アフターケア、新商品に関する情報など、引き続きAさんとはWeChat上でコミュニケーションをとりながら顧客エンゲージメントを高めていきます。カスタマーサポートに対する満足度調査なども、WeChat上で依頼することができます。

　また、WeChat Payの決済データや信用スコアともリンクしているので、Aさんのこれまでの消費動向を把握・分析し、ロイヤリティを定量的に評価・算出することができます。

　そのロイヤリティをもとに顧客トリアージを行い、新商品を紹介する、アップセル・クロスセルなどの提案を行う、オフラインイベントに招待するなど、顧客のナーチャリング（育成）に活用することができます。

受付も「ＱＲコードだけ」の時代に

　このように、「WeChatカスタマーサービス」では、**気軽なコミュニケーションができるメッセージアプリの利点を活かして、問い合わせから購入後のアフターフォローまで一連のカスタマージャーニーを通じて、顧客とのコミュニケーションを深めることができます。**

　しかも、企業が負担するコストは、オペレーターとスマートフォンのみ。もはやコールセンターの拠点を持つ必要はなく、企業にとっては顧客エンゲージメントの向上とコストダウンを同時に達成することができます。それこそ在宅勤務でも対応が可能なので、子育て中の主婦などの潜在的な労働力の活用にもつながるでしょう。

　この「WeChatカスタマーサービス」のように、今後は**企業と顧客とのタッチポイント**

が「スマホファースト」にシフトすることによって、顧客満足を維持しながら（むしろ向上させながら）、システムがより簡素化されていくでしょう。

たとえば、大企業のオフィスビルにある受付なども、QRコードひとつで済むようになります。よくある商談のシーンを考えてみましょう。

A社の担当者が訪問先のB社とのアポイントメントをとると、B社からA社の担当者にQRコードが送られてきます。

商談当日、A社の担当者がオフィスの近くまで来ると、位置情報を感知し自動でB社の担当者のスマートフォンにプッシュ通知が届きます。

A社の担当者がオフィスに入ると、見慣れた総合受付はありません。受付用のQRコードが貼ってあり、そのQRコードをスマホで読み込むと、WeChatなどに自動連携されます。するとセキュリティ領域が解錠され、目的の会議室のフロアへと向かうことができます。

スマートフォンには会議室までの案内とQRコードが表示され、駅の自動改札を通るように、この認証されたQRでセキュリティゲートを通ります。移動の途中の自販機のところで、「お飲み物はいかがですか」とスマホにメッセージが流れ、表示されているQRコードで好きなものを無料で注文することができます。

会議室のドアもQRコードを使って解錠します。中にはすでにA社の担当者が待っており、スムーズに商談がスタート。会議が定刻通り行われたか、誰が中にいるかなども自動的にデータ化されます。

このようなシーンは私の妄想ではなく、実際に体験したことにもとづいています。まぎれもなく、最先端のテック企業が生み出した現実です。

商談の事例のように、「ハード」はスマートフォン1台で、あとはアプリやQRコードといったトリガーさえあれば、サービスという「ソフト」を提供することができるのです。スマートフォンは、私たちが気づかないポテンシャルをまだ秘めている――そのことを、これらの最新テック企業の事例は示唆してくれます。

ケースから見える「テクノロジーのフラット化」の特徴

特徴 1

「テクノロジーのフラット化」が多様な人材を呼び込む

Z世代を中心とした若年層が、消費者としてだけでなく労働のマーケットにおいても主役となる中で、ビジネスの世界においてもPCからスマートフォンへと、デバイスのスタンダードがシフトしつつあります。

そのことによって、**高度な専門性が求められるテクノロジーを誰でも簡単に操作することができる「テクノロジーのフラット化」ともいえる現象**が起こっています。

この「テクノロジーのフラット化」のメリットを企業サイドから見てみると、まず、**専門的な知識やスキルのハードルが低下することで、労働市場がよりオープンになり、多様な人材を確保できる可能性**が拓けてきます。

特に、グローバルに人材を雇用する必要がある企業の場合、スマートフォンの操作は言語を問わず世界共通なので、外国人人材でもすぐに適応することができます。

副業が当たり前になった今日では、副業人材を呼び込みやすいメリットもあるでしょう。

企業側のメリットをもうひとつ挙げると、アプリのアップデートによって機能をフレキシブルに追加・変更することができます。したがって、**その都度ハードを入れ替える必要がなくコストを大幅に減らすことができます。**

特徴2　直感的なユーザビリティによる顧客体験の向上

この「テクノロジーのフラット化」を、今度はユーザー視点で見てみると、**スマートフォンによる簡易で直感的なユーザビリティが、顧客体験の向上**をもたらしています。

代行サービスのBtoBサイト「アイチーチャ」では、士業のサービスを簡単に比較し、かつECのように気軽に購入できるプラットフォームによって、専門性が高く比較が難しかった領域での顧客体験を高めています。

「WeChatカスタマーサービス」では、「中国版LINE」のWeChatをカスタマーサービスに活用し、メッセージアプリの直感的な操作で、一連のカスタマージャーニーにおけるコミュニケーションを大きく改善しています。

この特徴は、第3章で紹介した、TikTokなどのSNSでのコミュニケーションが「テキスト」から「動画」の直感的なコミュニケーションへとシフトしている流れと一致しているともいえるでしょう。

特徴3 手軽で安価なテクノロジーが「DXの当たり前化」を推進

最新のテクノロジーによって顧客体験や働き方を変革するだけがDXではありません。一般的に普及しているデバイスや技術を汎用化し、誰でも使えるようにすること、すなわち「テクノロジーのフラット化」もまた、別のベクトルでDXを加速させます。

その意味で、**「テクノロジーのフラット化」は「DXの当たり前化」とも言い換えられます。**

第8章で紹介した「サイケイ」の事例も、汎用化されたDXツールを提供するプラットフォームを通じて、町の飲食店でもさまざまなデジタルサービスを利用できるという点では「DXの当たり前化」を推進する企業のひとつといえるでしょう。

さらに、スマートレジやスマート駐車場の例に見られるように、安価なハードでイニシャルコストを抑え、誰でも気軽に導入できるようにすることも「DXの当たり前化」を後押しします。

第10章

「ハード」ではなく「ソフト」で差別化が行われている

KEYWORD

シン・ものづくり

ものづくりも「ソフト」で差別化する時代が到来

世界の最新テック企業の動向をお伝えしてきた本書も、いよいよ最後の章となりました。ここまで読み進めていただいた読者のみなさんも、頭の中がすっかり「デジタル脳」になっているのではないでしょうか。

そこで、というわけではないのですが、本章では視点を少し変え、日本企業が昔から得意としてきた**「ものづくり」、つまり「ハードウェア」に焦点を当ててみたいと思います。**

ただ、そこにも最新テック企業ならではのビジネスのポイントがしっかり盛り込まれています。

戦後日本の経済成長を牽引し続けてきた製造業。自動車や家電、精密機器などの各市場において、日本のメーカーは機能やデザインを競い続け、世界に誇る技術力を培ってきました。その技術力が、かつて「ジャパン・アズ・ナンバーワン」と称されるまでの経済大国にこの国を押し上げたことは間違いありません。

ところが、今日では多くの市場においてコモディティ化が進み、機能やデザインでは差別化が図りにくくなったことで、多くの日本企業が苦戦を強いられているのは周知のとお

ハードウェア
パソコン、ディスプレイ、スマートフォンなど、コンピュータのシステム全体を構成する機器の総称。

コモディティ化
市場投入時には高付加価値を持っていた製品やサービスが、市場が活性化し他社が参入することで、機能や品質に差異がなくなること。

りです。

徐々に中国や韓国のメーカーに市場を奪われ、日本を代表する大企業が倒産に追い込まれるなどの事態が生じています。

その一方で、世界の市場では**「ハード」でなく「ソフト」で差別化を図る新たな「ものづくり」、いわば「シン・ものづくり」**の潮流が生まれています。

ハードから機能を切り離し、ソフトで機能の追加・バージョンアップを図るというもので、ソフトのアップデートにともなう追加課金やサブスクリプションによってライフタイムバリュー（顧客生涯価値）を高めるビジネスモデルへと進化しています。

その一例として本章で紹介するのが「セグウェイ-ナインボット」という中国発のスマートモビリティメーカーです。

二輪走行の次世代型スマートモビリティというハード面が世間的には注目されていますが、走行スピードなどのスペックをスマートフォンアプリで制御しながら、追加課金によって解除していくユニークな販売手法に、本書ではフォーカスしてみます。

「ジレット・モデル」の進化系

「ハードウェア」と「ソフトウェア」を切り離し、後者で長期的な利益を上げるビジネスモデルは、じつは目新しいものではありません。

「ジレット・モデル」という言葉を聞いたことはあるでしょうか。カミソリメーカーの「ジレット」が考案したとされる、ひげ剃りの「本体」は無料または低価格で提供し、利益率の高い「替え刃」を継続的に買い替えてもらうことで長期的に収益を上げるビジネス戦略として知られています。

この「ジレット・モデル」はさまざまな領域に応用されています。

有名なのは日本でいえばセイコーエプソンやキヤノンなどOA機器メーカーのプリンタビジネスが挙げられます。また、任天堂の「ファミリーコンピュータ」に代表される家庭用ゲーム機も「本体」ではなく利益率の高い「ゲームソフト」で収益を上げるジレット・モデルの一種です。

「セグウェイ-ナインボット」のスマートモビリティは、このジレット・モデルを**「ハードウェア販売」＋「ソフトウェアの追加課金&サブスクリプション」**のモデルへと進化さ

セイコーエプソン
情報関連機器、精密機器を手がける日本の大手電機メーカー。

キヤノン
ビデオをはじめとする映像機器、プリンタ、複写機などを製造する日本の大手精密機器メーカー。

OA機器
オフィスオートメーション(Office Automation)の略語で、オフィス業務の自動化を図る機器。電話、パソコン、コピー機などを指す。

任天堂
玩具やコンピュータゲームの開発・製造・販売を行う日本の企業。

せたケースとも見てとれます。

また、このビジネスモデルが巧妙なのは、スマートフォンアプリやタブレットを通じて膨大なユーザーデータを取得し、そのデータをソフトの改良や、ユーザーごとに最適化された１ｔｏ１マーケティングに活用している点です。

もうひとつの事例として紹介する中国ナンバーワンのＡＩ企業「アイフライテック」の学習タブレットは、子どもたちのテストの採点やノートなどをデータとして吸い上げ、ＡＩに機械学習させながら、新たな教材コンテンツの開発に活用しています。いわば、ユーザーはソフトの「共同開発者」でもあるのです。

かつ、そのデータは完全にクローズドな環境で取得しているため、その企業にとっては唯一無二の資産となります。

大げさにいえば、**「ものづくり」の価値を生み出す源泉が「技術力」や「設備」から「ユーザーデータ」へと移行している**向きさえあります。

機能が追加されるたびに新しい「ハード」を販売する手法は、もしかすると過去のものになるかもしれません。

「ハード＋ソフト&サブスク」のダブルレイヤー課金構造、そしてユーザーデータの活用

によるソフト開発と1to1マーケティング——進化したジレット・モデルともいえる最新テック企業の事例を見ていきましょう。

シン・ものづくりを導入している世界最先端のテック企業

1

セグウェイ-ナインボット

走行距離に応じてグレードアップを提案

「IT×製造業」の可能性を広げる次世代型スマートモビリティ

あの「セグウェイ」のDNAを継承した中国スタートアップ

物流だけでなく、人々の移動においても、駅から目的地までの「ラストワンマイル」に対応した次世代型のスマートモビリティが注目を集めています。日本ではスタートアップ企業「LUUP」を筆頭に、電動キックボードのレンタル事業を自治体と提携して進めている事例が目立ちます。

セグウェイ-ナインボット
中国の次世代モビリティを製造・販売する企業。2012年に「ナインボット」を設立。2015年に米セグウェイを買収した。

LUUP
株式会社Luupが運営する日本の自転車シェアリング・電動キックボードシェアリングサービス。

もとより欧米の先進国ではキックボードでの移動は日常に定着しており、スマートモビリティの市場規模は2026年までに900億ドルを超えるとの試算も出ています。

その陰で、かつて「世紀の大発明」「夢の乗り物」などといわれ華々しく登場したものの、いまではほとんどその姿を見かけなくなったのが「セグウェイ」です。

2001年に登場したセグウェイは、大きなタイヤのついた立ち乗り二輪車で、行きたい方向に荷重をかけながらバーを傾ける斬新な操作性と相まって、世界の大きな注目を集めました。ところが、じつは2020年7月にひっそりと生産を終了しています。

セグウェイは「世紀の大発明」ではなく「世紀の大失敗」だったのでしょうか？

そんなことはなく、そのDNAは次世代のスマートモビリティへと受け継がれています。

生産終了する5年前の2015年、セグウェイは中国の「ナインボット（九号機器人）」に買収されています。スマホ・IoT家電大手の「シャオミ（Xiaomi）」の支援を受けるナインボットは、短距離移動用の機器とサービスロボットの開発を行う有望スタートアップです。

この買収によって「セグウェイ-ナインボット」と生まれ変わった同社は、電動平行二輪車、電動キックボード、スマートサービスロボットなどを次々とリリース。新興スタートアップが群雄割拠するスマートモビリティ市場において着実に存在感を高めています。

シャオミ(Xiaomi)
中国のスマートフォン・総合家電メーカー。2010年設立。

ハードは同じでも、アプリの指示に従いながら性能が進化

このセグウェイ-ナインボット（以下「ナインボット」）が展開する商品は一輪車からキックボード、ゴーカートまで広範にわたり、同じシリーズでも走行スピードなどの性能に応じて「松・竹・梅」のように複数のラインナップを設けています。

ここで注目するべき点は、**性能は異なるのに、「ハード」の仕様は基本的に同一で変わらないこと**です。通常は、自動車であれば同じブランドでも排気量、最高出力、燃費、室内の広さなどのスペックによって、提供する車種＝ハードの仕様は異なるものです。

しかし、このナインボットがユニークなのは、本体そのものはまったく変わりません。そのスペックの違いはスマートフォンアプリという「**ソフト**」**で制御する仕掛けになっています。**

私自身、「S-PRO」という二輪タイプの製品を購入したので、その体験をお話しします。

「S-PRO」は内側に荷重を傾けることで前進する、まさにセグウェイの技術を継承し

たバランスモビリティです。

購入したての「S-PRO」は、デフォルトの状態ではスピード制限がかけられており、低速でしか走行できません。スマートフォンアプリのチュートリアルを見ると「あと○個の説明動画を見たら最大○キロのスピードで走れます」などという表示が出ます。こうしてユーザーを誘導しながら速度制限を解除する仕組みになっています。

その後も、「GPSを開放したら……」「あと3日間乗ったら……」など、ユーザー側に条件を提示しながら少しずつ速度制限の緩和を提案してきます。

こちらとしてもグレードアップしたほうがもちろん嬉しいので、素直に提案されたとおりに行動しながら、少しずつ性能を実装していきます。

その性能はスマートフォンアプリで制御されているので、ハードウェア自体はそのままに、速度制限という性能だけがグレードアップされていきます。

「二輪車」から「ゴーカート」に変身！

こうしてだんだんとグレードアップした「S-PRO」の運転にも慣れてきたある日、私のスマートフォンにナインボットから新たなオファーが届きました。

「あなただけのスペシャルオファー、別売りのゴーカートキットを限定販売します！」

迷わず購入のボタンを押すと、数か月後に、ゴーカートの別売りキットが届きました。

このキットを「S-PRO」に装着すると、二輪のモビリティが四輪のゴーカートへと変身しました。

スケールは異なりますが、子どもの頃にミニ四駆を改造したときの高揚感を思い出して楽しくなります。

ゴーカートにアップグレードすると、スマートフォンアプリには「カメ」「ウサギ」「カンガルー」のアイコンが表示されています。これも、条件によって制限速度が3段階に分かれていることを表しています。

あとは同様に、走行実績に応じて制限速度を解除するオファーが届く仕組みになっています。

このように、二輪車、ゴーカートそれぞれの**「ハード」の仕様は変わらず、スマートフォ**

［図10-1］「S-PRO」は形まで変わる

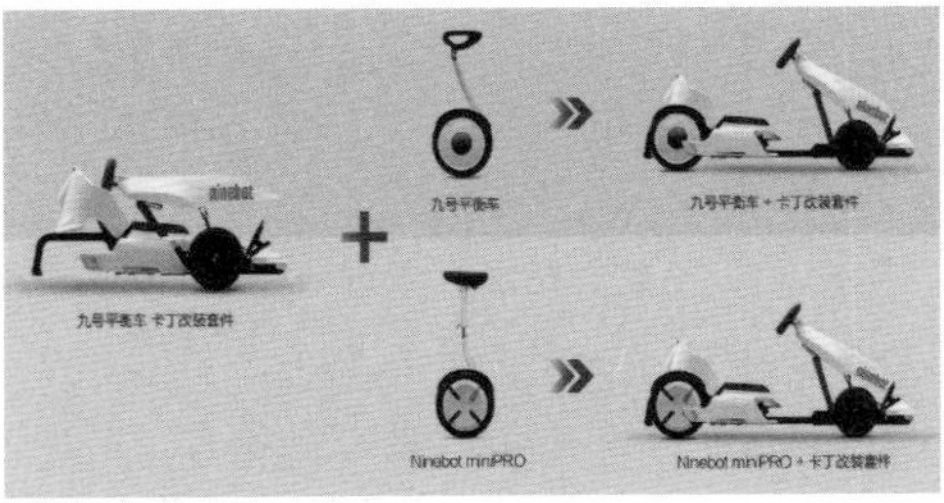

出所：セグウェイ－ナインボット

ンアプリという「ソフト」で差をつけ、追加課金とサブスクリプションで稼ぐのが、このナインボットのビジネスモデルの特徴です。

これまでの事例でもお話ししましたが、ユーザーに「速度制限が解除されてもっと速く走れる」という明確なベネフィットを提示して、それと引き換えにユーザーデータを収集するアプローチがここでも見られます。人間の根源的な欲求を理解した巧妙な仕組みにはつくづく感心させられます。

ユーザーごとに最適化されたプロモーション

このナインボットのビジネスモデルには、もうひとつの特徴があります。それは、スマートフォンアプリから収集した**走行データをパーソナライズされたプロモーションに活用している**点です。

先ほど、二輪車からEVゴーカートに変身する追加キットの特別オファーを受けた話をしました。あとで聞いてみたところ、このオファーは「S-PRO」の走行距離データ、さらにはWeChat Payでの決済データなどをもとに、一定以上の走行実績があり、かつ購買力を備えていると見込んだユーザーに限定して送られるシークレットオファーだそうです。

「このユーザーは3日で飽きてほとんど乗っていない」
「このユーザーは定期的に乗っているが、低速スピードで走っている」

といった個別のデータに合わせて、ユーザーごとに最適化されたシナリオでプロモーションが行われているのです。

このように、ナインボットではユーザー一人ひとりの使用履歴や購買力などに応じてパーソナライズされたマーケティング戦略によって、従来のマーケティングコストを大幅に削減しながら効果的なプロモーションを実現しています。

このほかにも、「ハード」ではなく「ソフト」で性能をコントロールするナインボットのビジネスモデルには多くのメリットがあります。

まず、ソフト上での性能のアップデートはダウンロードひとつで完了するので、わざわざ新しいハードを開発・生産する必要がなく大幅なコストダウンが見込めます。また、ソフトの根幹の仕様は外部に漏れないので、企業としての機密性が向上します。

さらに、交通の法規制は国によって異なりますが、その国ごとに制限速度などのロケールを設定することができるので、法規制の壁を超えて全世界のマーケットに対応すること

ロケール (locale)
ソフトウェアをある特定の地域や言語で利用できるようにする際に行う各種設定。使用する言語、日付や時刻の表示、通貨単位などを設定する。

ができます。そのあたりも含めてじつに巧みなビジネスモデルになっています。

このナインボットのように、**ユーザーと１ｔｏ１でコミュニケーションをとりながら性能をソフトウェアで制御するという発想に、「ＩＴ×製造業」の未来の一端を垣間見ることができます。**

ものづくり技術に大きな強みを持つ日本の製造業にとっても大きな示唆を与えてくれる事例ではないでしょうか。

シン・ものづくりを導入している世界最先端のテック企業

2

アイフライテック（科大訊飛）

100万人超のユーザーデータが6万本の学習コンテンツを開発する

音声認識の最新技術を牽引する世界屈指のAIテック企業

近年、人々のライフスタイルに広く浸透した感のあるスマートスピーカー。その音声アシスタント技術を開発するテック企業といえば「アレクサ」のアマゾン、もしくは「シリ」のアップルの名前が出てくるでしょう。

ところが、中国にはアマゾンやアップルより名前の挙がる企業があります。それが「アイフライテック（科大訊飛）」です。アイフライテックもまた「ハード」ではなく「ソフト」で差別化を図ったプロダクトを開発しています。

アイフライテック（科大訊飛／iFLYTEK）
音声技術とAI技術を専門とする中国のソフトウェア企業。主に音声認識、音声合成などの技術をもとに、音声メッセージソフトウェア、チップ製品、情報サービスなどを開発している。

1999年に創業したアイフライテックは、音声認識・音声合成の分野では世界トップクラスの技術を持つAIテック企業で、スマートスピーカーの音声認識エンジンに搭載する音声認識AIを中核事業としています。

一般消費者向けには自動文字起こしライティングレコーダーや自動翻訳機を開発・販売しており、日本にも展開しています。OCRでの文字認識・文字検出技術も世界トップレベルを誇っています。

また、医療分野においては、投薬や食事などについて患者に自動で電話をかける医療助手ロボットや、血圧計データとビッグデータを照合してAIが自動解析し、生活指導などを行う医療AIソリューションを、医療機関向けに提供しています。総務省『令和2年版情報通信白書』によると、医療助手ロボットは新型コロナウイルス禍で多くの医療機関に導入され、1分間に900本もの電話をかけ、体調の確認や感染予防の呼びかけを行ったそうです。2017年には、同社の開発したAIロボットが医師国家試験の筆記試験に合格したことも話題を集めました。

2017年には米マサチューセッツ工科大学（MIT）の技術誌『MITテクノロジーレビュー』が発表する「スマート・カンパニー50」にも選出されるなど、中国のみならず世界のAIテックを牽引するアイフライテック。

OCR (Optical Character Recognition)
画像データのテキスト部分を認識し、文字データに変換する光学文字認識機能のこと。

２０１９年には米商務省が「中国・新疆ウイグル自治区に住むイスラム教徒のウイグル族やカザフ族に対する人権弾圧に関与した」との理由でアイフライテックを「エンティティー・リスト」（貿易上の取引制限リスト）に加えています。それだけアメリカ政府も警戒するほどの技術力を持っていることを示しているといえます。

答案やノートを読み取る独自技術のインカメラ

このような音声認識・合成技術と文字認識・検出技術を誇るアイフライテックは、一般消費者向けにＡＩ学習タブレット「Ｔ10」も開発・販売しています。このＴ10こそ、本章で詳しく取り上げたいプロダクトになります。

私も実際に入手しましたが、この世界トップのＡＩ企業が本気で開発した学習教材の精度と仕組みに驚かされています。

Ｔ10は、13インチのタブレット型学習機で、見た目やサイズはiPadとほとんど変わりません。これに１６００万画素のポップアップ型のインカメラが搭載され、さらに専用のタッチペンが付属しています。このインカメラによって、子どもが紙に書いた答案やノートや問題集をスキャンします。

たとえば漢字を練習するカリキュラムでは、ノートに書いた漢字をスキャンし、その画像をＡＩが解析して採点します（画面上に直接書くときはタッチペンを使用し、その筆跡を読み込みます）。

算数のカリキュラムも同様に、計算式をノートに書いて（あるいはタッチペンで直接書き込んで）、それをスキャンして読み取り、自動的に計算して採点します。

この読み取り精度が非常に高く、少々字が汚くても正確にスキャンしてくれます。その答案を採点するだけでなく、間違った問題に対してはＡＩが自動で類似問題を出題するなど、子どもの苦手に沿った学習フォローをしてくれます。

また、英語の発音レッスンではアイフライテックが誇る音声認識技術によって発音を正確に診断し、点数とフィードバックを自動で返してくれます。

テストなどの順位も小学校単位、あるいは「○○県」「○○市」といったセグメント別で表示さ

［図10-2］アイフライテックが開発した最先端タブレットT10

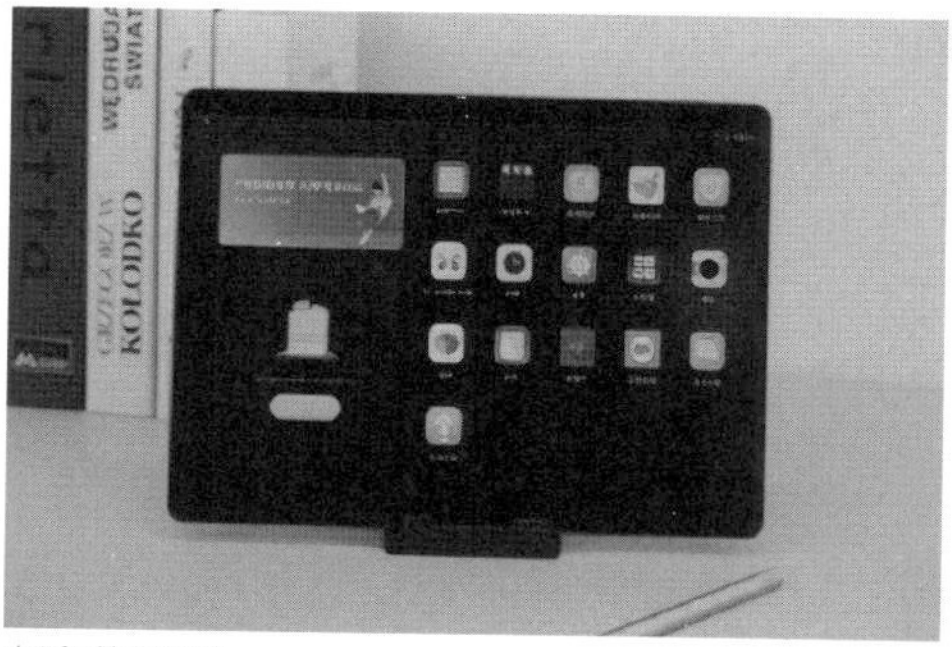

出所：科大訊飛

れるので、おのずと子どもの競争心が刺激されます。この細かいセグメンテーションは、レッドなどの人気SNSでインフルエンサーを動機づける仕組みにも通じるものがあります。

さらに、仮に順位が「995位」だとすると、「990位のタイムはこの秒数です」とアナウンスが表示され、その秒数と競い合うバトルゲームモードに切り替わるなど、ゲーミフィケーションの要素もうまく盛り込んでいます。

T10のインカメラの役割は幅広く、「タブレットまでの目の距離」や「座席の座り方」「部屋の明るさ」といったデータをも感知し、子どもが画面に近づきすぎるとセンサーが反応し注意を促してくれます。

また、視線が画面に集中していたかどうかなど、学習内容だけでなく取り組む姿勢や目への負荷なども自動で測定してくれるというわけです。

そして、これらのレポートはすべて、WeChatアプリを通じて保護者にも定期的に共有されます。「子どもがこの日、どれだけ机に向かって何の勉強をしたか」という情報がタイムリーに共有され、必要に応じて両親のフォローを促すこともできます。

膨大なユーザーデータを教育コンテンツ開発に活用

このように、学習タブレットとしての性能一つひとつが突出しているアイフライテックのT10。

タブレット端末は買い取りですが、アップルストアのように、バージョンアップしたアプリを追加課金でダウンロードする仕様になっています。

その意味では、この「T10」もナインボットと同様、「ハード」よりも「ソフト」の追加課金で収益を上げるビジネスモデルといえます。

加えて、着目すべきは、**T10で学習する子どもたちの答案やノートをインカメラが読み取ることで、膨大な「ビッグデータ」が生成される仕組み**です。授業の動画についてもユーザーの一時停止の回数やタイミング、教材への書き込みがビッグ

［図10-3］ 超高性能なカメラで回答を読み取りビッグデータを生成

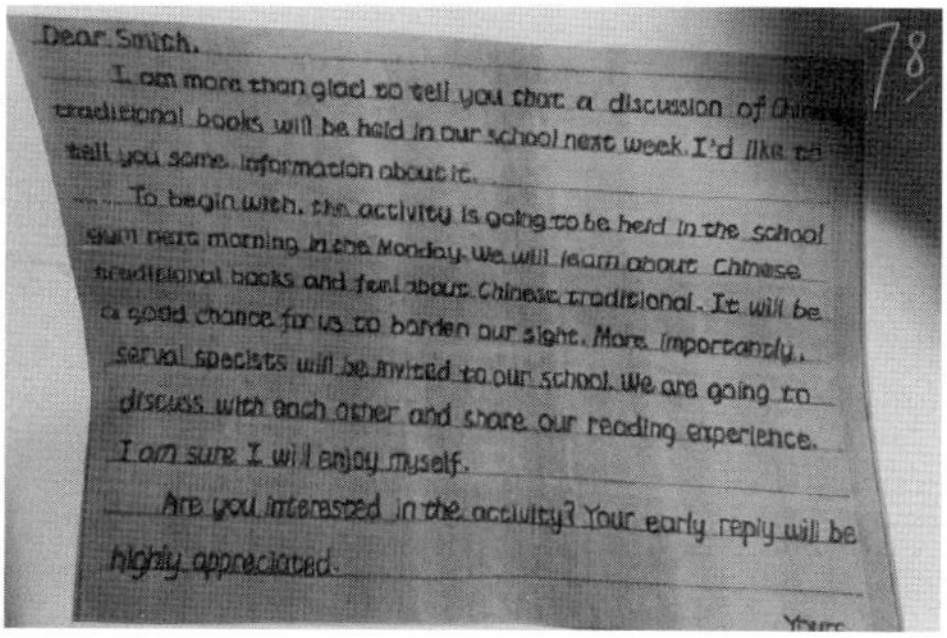
Dear Smith,
I am more than glad to tell you that a discussion of Chinese traditional books will be held in our school next week. I'd like to tell you some information about it.
To begin with, the activity is going to be held in the school gym next morning in the Monday. We will learn about Chinese traditional books and feel about Chinese traditional. It will be a good chance for us to borden our sight. More importantly, serval specists will be invited to our school. We are going to discuss with each other and share our reading experience. I am sure I will enjoy myself.
Are you interested in the activity? Your early reply will be highly appreciated.
Yours

出所：科大訊飛

データとして取得されます。

こうして100万人を超えるユーザーから取得したビッグデータをAIが解析することで、自動採点や解説の精度が日々向上するとともに、実に6万本を超えるラーニング動画の開発や問題集や書籍などのコンテンツ開発に役立てています。

さらに、問題の正誤のデータを分析して、参考書や問題集の開発や、成績のよい子どものノートのデータもコンテンツ化して販売しています。100万人のユーザーが「共同開発者」となり、多様なキャッシュポイントを生み出しているのです。

高度な音声・画像解析技術によってユーザーデータを吸い上げ、学習コンテンツ開発に活用するアイフライテックのT10。

中国のみならず世界の教育産業にも大きな影響を与えそうですが、ここにきて中国政府は国内の教育産業に大幅な規制をかける方針を掲げています。

2021年7月、中国共産党中央弁公庁と国務院は、「義務教育段階における子どもたちの学習負担」と「学校以外における教育カリキュラム（学習塾など）での補習負担」の双方を軽減する、いわゆる「双減政策」を発表しました。

T10をはじめとする学習教材は非営利事業として行わなければならないことも明記され

ており、端的にいうと1000億ドルともいえる中国の教育産業が一瞬で吹き飛んでしまったことを意味します。

この「双減政策」によって、中国のEdTech（エドテック）は急減速していくでしょう。T10の開発に携わっていたAIエンジニアの動向なども注目されます。

EdTech（エドテック）
Education（教育）とTechnology（技術）を組み合わせた造語で、テクノロジーを用いて教育領域にイノベーションを起こすビジネスやサービスの総称。

ケースから見える「シン・ものづくり」の特徴

特徴 1

「ハード」ではなく「ソフト」で差別化とパーソナライズを実現

従来の製造業においては、性能・品質といったスペックは「ハード」に実装していました。それが、ナインボットやアイフライテックの事例では、**「ハード」からスペックを切り離し「ソフト」に持たせ、差別化する戦略**をとっています。

そのことによって、**ユーザーにとってはアップデートのたびにハードを買い替える必要がなく、企業側にとってもハードの開発・製造コストを抑えることができます。**

加えて、企業側にとってはソフトで性能を制御することで、技術が外部に漏洩しにくい、国ごとにロケールを設定することで全世界のマーケットに打って出られる、といったメリットをもたらします。

また、これらの企業ではハードの販売に加えて「ソフト」のバージョンアップにともなう追加課金やサブスクリプションという、ダブルレイヤー構造のビジネスモデルを構築しています。

そのソフトの販売を、従来のマスマーケティングではなく、吸い上げられたデータをもとにユーザーごとにパーソナライズしている点も大きな特徴で、「もっとゴーカートのスピードを上げたい」「もっと総合ランキングで上位に行きたい」とユーザーの射幸心をうまく煽る仕掛けがなされています。

このデータ提供のベネフィットを明確に提示するという特徴は、第1章でもお話しした世界のテック企業の巧みなところです。

マーケティングの費用も不要となり、提供の商品もアップグレードデータやオプションパーツとなり、ユーザーをセグメントすることで、より安全でかつ、在庫リスクを抑えながら、中間マージンをカットしながら、メーカー直販で販売をしながら囲い込みをしています。

特徴2　実績開放型のコンテンツが価値の源泉

本章で見たケースでは、**ユーザーの利用実績がデータとして日々収集され、パーソナラ**

イズされた提案や、新たなコンテンツ開発に活用されています。

ナインボットでは乗車頻度や走行距離といったデータによって、スピードアップやゴーカートへのバージョンアップといった提案がパーソナライズで行われています。

アイフライテックの「T10」では、全国のユーザーである子どもたちの学習内容やテストの結果などがビッグデータ化され、さらなるコンテンツ開発に役立てられています。

いわば、**ユーザー自身が「実績」を開放することでコンテンツのさらなる改良に協力している「共同開発者」であり「共同マーケター」でもある**のです。

このユーザーの存在が、ソフトの性能にますます磨きをかけ、差別化とパーソナライズを強めています。また、ユーザーデータがクローズドな環境で収集されることも、製品の価値を高める一因となっています。

特徴3 「計画された見切り発車」による究極のマーケットインの開発手法

ものづくりの視点で見ると、**あえて見切り発車でプロダクトをリリースし、ユーザーの利用状況に応じて追加的にスペックを実装していく開発手法**が特徴として挙げられます。

ナインボットの「S-PRO」は、購入した当初のデフォルトの性能は走行スピードも遅く、大したことはありません。走行距離や利用頻度が上がるごとに、スピードアップなどのスペックが追加されていきます。

アイフライテックの「T10」も、購入した当初のエントリー段階では、子どもの学習動機を促すためのゲーム的なメニューが中心です。そこからメニューをこなし、学習の進度が上がるとともに、通常の授業のメニューが追加されていく仕組みになっています。

ユーザー自身がプロダクトを「育てる」感覚でアジャイル的にソフトウェアの機能を実装していくという点で、**「究極のマーケットイン」**のものづくりを実現しているともいえます。

これらのケースは、はじめから機能が完璧でなくても「計画された見切り発車」で製品をリリースできるという、新たな開発手法の可能性を示してくれます。

プロダクトのアイデアに対して賛同と資金を募るクラウドファンディングとの親和性も高いでしょう。

おわりに

さて、みなさん、世界の最先端テックの思考はいかがでしたでしょうか。
私がこの本を通じて、読者の皆様に感じていただきたかったのは、いまは昔より大きく変わっていて、しかも思っているより変化が速い、ということ、そして、もっと自由でいいんだ、ということです。

何かを始めるときにゼロから考えるのは、とても大変ですよね。本書では数多くの最先端企業のケースを紹介しています。「もしかしたらうちの会社にあのケースが応用できるのでは？」「あの会社と一緒にやってみたらいいんじゃないか？」と思いもよらないアイデアが浮かび、体がウズウズしはじめる、本書がそんなきっかけになればとても嬉しく思います。

各章で解説したことを簡単におさらいしてみましょう。

- **第1章**：お客様を褒めて楽しんでもらうこと。企業はユーザーの遊び場の管理人で、モノではなくヒト中心の設計に変わっていくこと。
- **第2章**：企業はユーザーと近い関係で、一緒に遊んで仲良くなることの重要性。
- **第3章**：わかりやすく動画を活用して、スキマ時間にも入り込むひと口サイズとタイムリーの2つの軸でユーザーを刺激する新時代のコンテンツ。
- **第4章**：24時間マッチングビジネス。プッシュ型。魅力的なデポジット設計で消費の機会を上乗せ。
- **第5章**：信用の重要性と外部連携によるアウトソーシング化。
- **第6章**：オンラインとオフラインの垣根の消失。無数のタッチポイントとデジタルデータ連携。
- **第7章**：ユーザーから見たコスパと利便性。次世代型ダイナミック・プライシングの重要性とSDK連携。
- **第8章**：スイミー戦略。小さい会社でもシェアして、まとまって、問題解決。
- **第9章**：オープンとフラット化。スマホやタブレット、ゲーム機コントローラーなどを活用、PCレスの直感的な手法で、新たな労働者獲得と同時にスピード化とコストもカット。
- **第10章**：ものづくりとソフトのダブルレイヤーの利益構造とデジタルマーケティング。

こうして見てみるといわゆるほかのビジネス書とは違う視点ばかりではないでしょうか。

会社の受付システムにしても、ヒトが受付していたものが、タブレットになり、中国ではQRコードの印刷物になりました。ほぼコストゼロになるという革命的な変化です。

この異次元の変化は、じつはスマホのような高機能の端末をいつもみんなが持っていることに由来します。

最近、半導体のニュースが多いです。ここでちょっと専門的なことを話しましょう。

半導体のニュースが増えた背景には、通信技術が発達し、いつでもどこでもすぐつながれるようになったことに起因しますが、現在の高速通信である5G通信は、基本的にスマートフォン（タブレット・PC）程度にしか使われていません。

これは、CPUと5Gなどと複数の半導体の組み合わせを小型化（チップレット化）するには最低でも1000万個単位の製造ロットが必要だからです。

それくらいの製造数を消費できるのはスマホ関連のみなので、結果としてほかの日本で生産されるもの、たとえば家電などには搭載されず、現在も日本の家電は5Gどころかネットにもつながりにくい状況なのです。

半導体をつくる工場と、それを支える部品工場や新素材の化学工場は、半導体が大量に使われる地域に移動するので、日本では半導体関連のノウハウも蓄積されません。

じつは、家電やほかのものもチップレット化できれば、すべてがネットにつながり、さらなる急激な時代変革が訪れるのです。

現在のスマホも、結局、ヒトが操作をしてその操作の結果のデータを収集しているに過ぎません。デジタルデータも、誰が何をいくらで買ったか、興味があるかがわかる程度です。

たとえば、過去に類を見ないような「最高のエアコン」をつくりたいとします。製造者が本当にほしい情報は、ユーザー自身が必要としているものは何か、どこに不便を感じるか、などです。これをいかに知るかが、製品そのものの仕様より重要な局面に来ているわけです。

ユーザーから情報を得た結果、もしかしたらエアコンにとどまらず、ほかの家電も統合して、電気代のプラン変更を提案して稼ぐ新しいビジネスモデルが生まれるかもしれません。さらに6Gが普及したらデータ収集が自動化され、さらなる別のビジネスモデルのほうが適切ではないかといった発想が生まれるかもしれません。なんだか次世代の香りがしませんか。

日本のお家産業の車の半導体も、今後製造ロットがまとまれば、信号を拾う際の増幅器やノイズ取り、それをつなぐハーネスなども不要になり、小型化するのはもちろん、大幅なコストカットにつながったり、それぞれが5Gで通信することで新たなビジネスが生まれ、現在とはまったく別の世界になるかもしれません。そうなれば、データも双方向リアルタイムで更新できますね。


一眼レフカメラが未だに大きくずっしりしていて記憶デバイスが物理的なSDカードなのも、日本では半導体の小型化が難しいためです。チップレット化できるだけで、いまの技術レベルでもものすごくコンパクト化され、5Gによりその場でクラウドに保管できるようになったり、周辺サービスが生まれますが、現状ではまだ夢のまた夢です。

一方で、大手スマホメーカーであれば一眼レフ並みの性能を持ったスマホ（中国などやGAFAなどの超大企業）は開発できるわけです。

そういう意味でも共通のプラットフォームによる協調など異次元のパートナーシップが必要なのではないでしょうか。

いくつか例を挙げたように、ほかの業界やほかの国に目を向けるだけで可能性は一気に広がります。

自己評価で85点の製品を90点に高めたから商品が売れるかといったらそうではなく、インフルエンサーがわかりやすく伝えてくれた85点の製品のほうがはるかに売り上げたりするのが現代のビジネスシーンです。

これまでの凝り固まった価値観にとらわれることなく、自分と違う業界やほかの国などに目を向けて、架け橋となる人を見つけてお互いを理解する。これによってビジネスの可能性は広がり、ひいては楽しくて平和な未来が開ける、そう私は信じています。

私は、雛人形などの製造販売をする、まもなく創業１００年を迎える伝統工芸の人形屋でもあります。デジタルによる設計やデジタルマーケティングを行い、３年前より小売だけでなく製造や卸売りを手掛けるようになりました。最近では大手百貨店や量販店、また弊社が仕入れている大手問屋にも弊社の製品が仕入れられ、一昨年は人形の製造方法の特許も取得しました。

そのような形で、ものづくりに励んでいますが、最近はその伝統的な面にこだわらず、柔軟に物事を考えるようにしています。実物の製品ではなくＳＮＳのアバターを人形作家につくってもらったらどうか、などあらゆる観点での可能性を楽しんでいます。

一般的に私のようなヒトは業界で異端児といわれます。でも、これからは異端児、言い換えると、「ヤバい人」が日本を、世界を変えていくのだろうと思っています。

昔から決まっているから変えられないんだ、どうせ無理だ、といってなにもしないのは、はっきりいってとてももったいないです。インドではカースト制度があることで、それぞれの身分にあった職種があらかじめ決まっていますが、制度が生まれたときに世界に存在していなかったITなどの職業はカースト制度から外れるので、一生懸命勉強する人が多く、ITの国として名を轟かせはじめています。一見ものすごくネガティブに見えることも「見方」と「味方」を増やすと思考が変わります。

そして、その新しい取り組みが、人だけでなく情報単位でも、ChatGPTのようなAIに統合され、いろいろなジャンルと混ざり融合して変化し、24時間365日、分析が高速回転していく。まさに、世界はゲームチェンジの時代です。

さあ、あなたならではの発想で、このチャンスの扉を開けましょう。

成嶋　祐介

巻末注

i　The New York Times『People Now Spend More at Amazon Than at Walmart』

ii　CB Insights『The Complete List Of Unicorn Companies』

iii　ロイター『TikTok広告収入、今年はツイッターとスナップの合計超えへ』

iv　東洋経済オンライン『中国向けTikTok「抖音」、電子商取引が急成長の訳』

v　36KrJapan『中国ショート動画大手「快手」、不動産販売を本格化「売れるライバー」を育成』

vi　人民網日本語版『上海市のコーヒーショップの数が世界最多に』

【著者紹介】

成嶋祐介（なるしま　ゆうすけ）

一般社団法人深圳市越境EC協会日本支部代表理事。世界の最先端企業1800社とのネットワークを持つ中国テックビジネスのスペシャリスト。中央大学、茨城大学講師などを歴任。

慶應義塾大学法学部法律学科卒業。株式会社成島代表取締役。2019年から深圳市政府公認の深圳市越境EC協会日本支部の代表理事を務める。

全世界の中小企業をつなげることを目指し、情報テクノロジー、通販分野にて日本と中国の橋渡しを行い、世界規模のグローバルECの開発に向け活動をしている。

GAFAも学ぶ！最先端のテック企業はいま何をしているのか
世界を変える「とがった会社」の常識外れな成長戦略
2023年6月13日発行

著　者——成嶋祐介
発行者——田北浩章
発行所——東洋経済新報社
〒103-8345　東京都中央区日本橋本石町1-2-1
電話＝東洋経済コールセンター　03(6386)1040
https://toyokeizai.net/

ブックデザイン・DTP……小林祐司
印　刷…………ベクトル印刷
製　本…………ナショナル製本
著者エージェント……アップルシード・エージェンシー（https://www.appleseed.co.jp/）
編集協力………堀尾大悟
編集担当………近藤彩斗
　ISBN 978-4-492-50343-0